RÉPUBLIQUE FRANÇAISE

...NIERS, DÉPORTÉS E...

...E RAPATRIÉ...

(4) N... Prénoms Franc...

CHRISTOPHE

(7) Pseudonyme (8) État Civil célibata...

(10) Date de naissance 18-8-33 (11) Lieu de naissance Paris

(12) Nom du Père Robert (13) Nom de la ... Noi...

(14) Nationalité d'origine fr (15) Nationalité actue... fr

(17) Dernière résidence en France 10 b rue Cardinet

(18) Nom et adresse de la personne chez qui vous vous rendez

(19) Pièces d'identité produites

(20) Bureau de Recrutement

Centre d'Accueil des Déportés du Département de la Seine

(22) Classe de mobilisation

PAYÉ 5000

(24) Position milita...

(25) Dernière affect...

je n'ai pas de pho...

Une Petite Fille Privilégiée
Francine Christophe

いのちは贈りもの

ホロコーストを生きのびて

フランシーヌ・クリストフ／著
河野万里子／訳

岩崎書店

いのちは贈(おく)りもの

ホロコーストを生きのびて

野菜売りのミミに
それから
家の管理人（コンシェルジュ）、ボーおじさんとおばさん
自動車修理工場（じどうしゃしゅうりこうじょう）のドレおばさん
小学校の女性校長、ペラン先生
おとなりのルジェおじさん
画家のクロ・アヴィ＝プレニヤールさん
シャルル・シュトレイフ憲兵隊長（けんぺいたいちょう）
そしてわたしたちを助けてくれた、
いえ、助けられなかったとしても、
心のなかで思いやってくれただけでも――
そうしたみなさんすべてに

目次

フランシーヌの少女時代のヨーロッパ

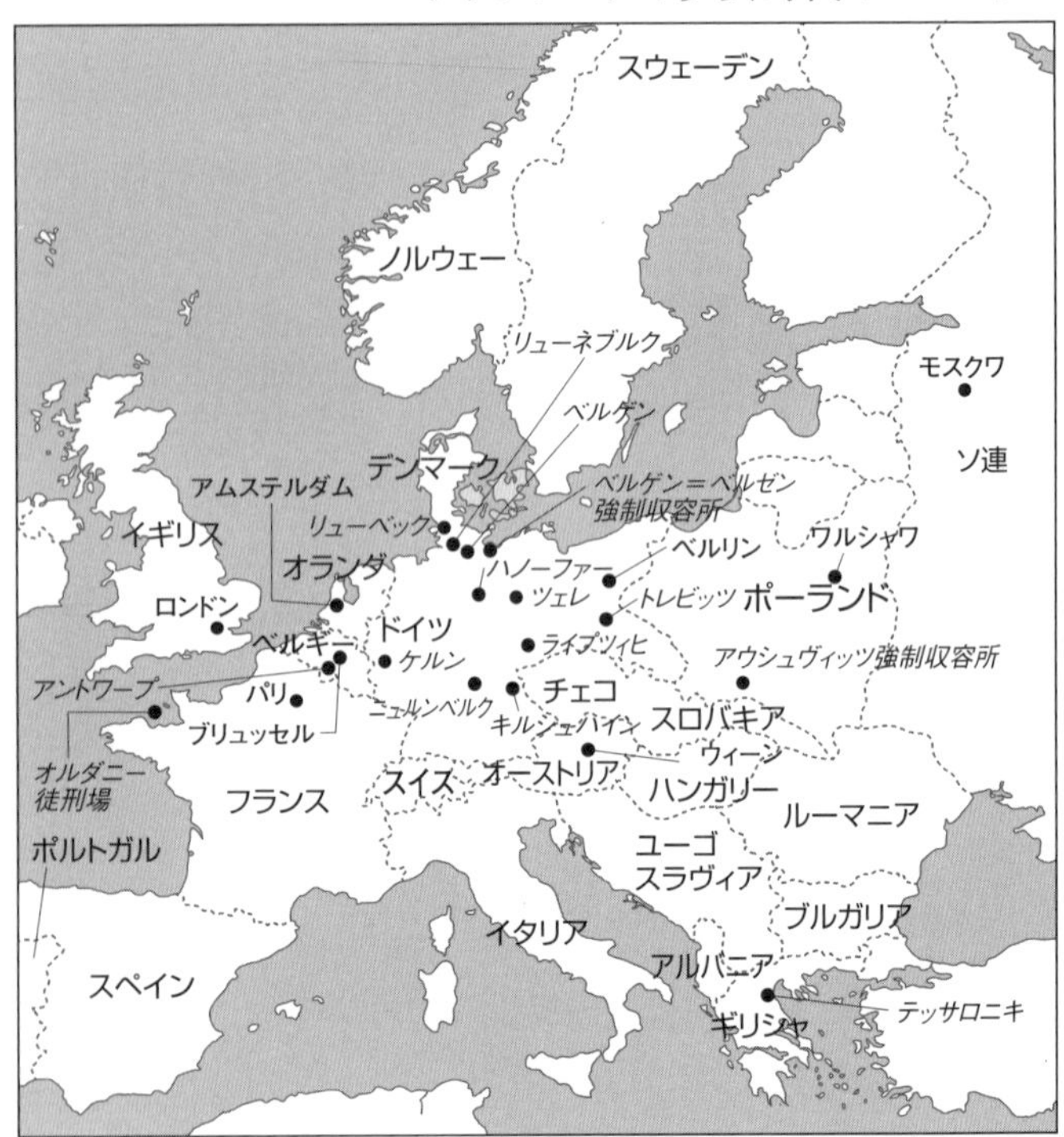

アウシュヴィッツ強制収容所
ポーランドに設置された最大規模の収容所。最も多くの犠牲者を出したと言われる。

オルダニー徒刑場
イギリス海峡のオルダニー島という小さな島の労働収容所。主に男性囚人が多く移送されていた。

ベルゲン＝ベルゼン強制収容所
滞留収容所とされていたが伝染病と飢餓のためおびただしい数の犠牲者を出した。

ソ連
ソビエト社会主義共和国連邦の略。1922〜1991年まで存在した社会主義共和国。現在のロシア連邦、ウクライナなど。

ユーゴスラヴィア
現在のセルビア共和国とモンテネグロ、クロアチア共和国などを含む連邦国家。1991年からのユーゴスラヴィア紛争により解体。

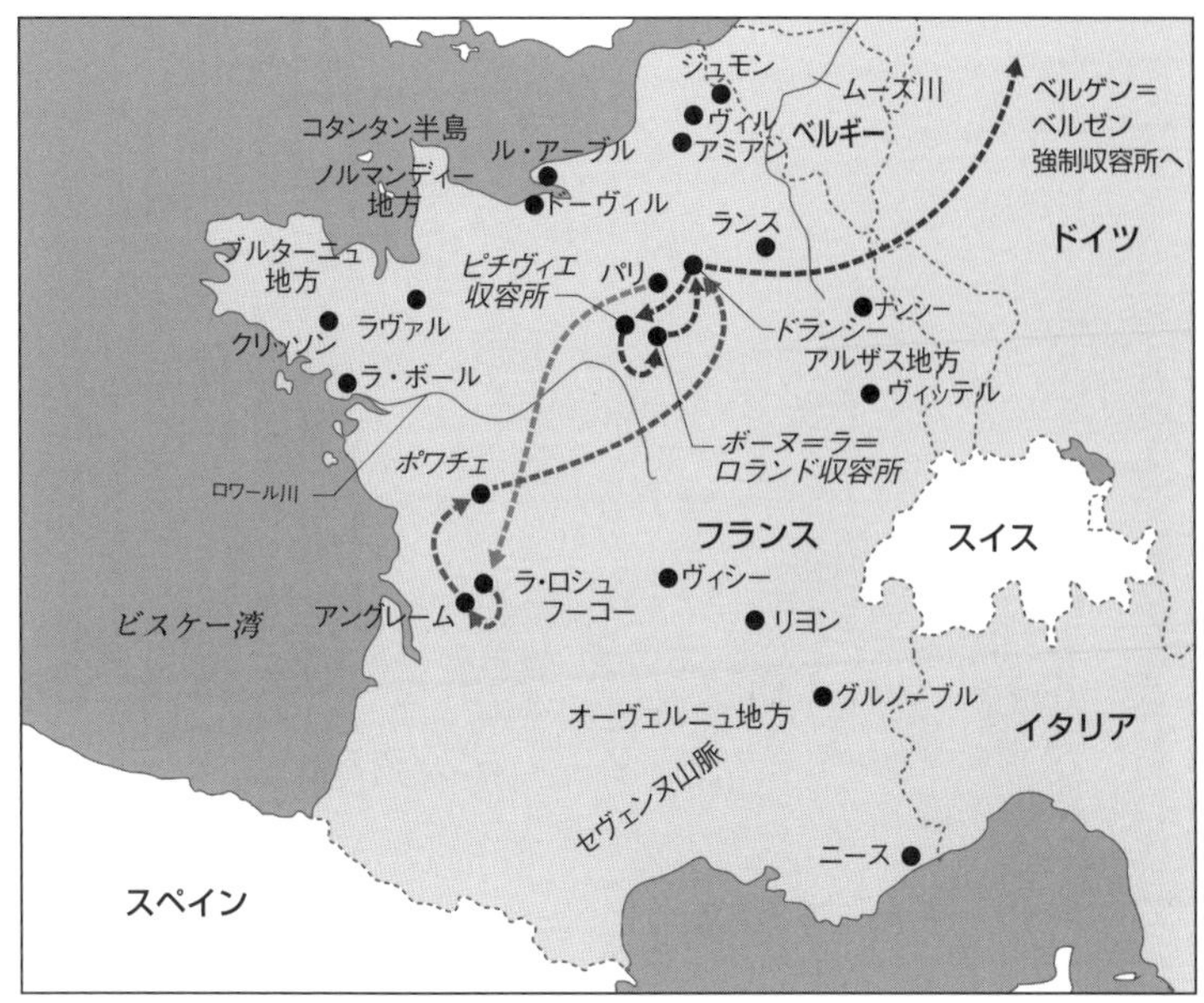

ドイツ占領下のフランス。矢印はフランシーヌと母が移送された経路。

アングレーム
フランシーヌと母はポワチエへの移送前、アングレーム刑務所にいた。また、非占領地域に逃げる時、乗りかえた駅がある。

ポワチエ
フランシーヌと母がはじめて移送された収容所がある。ドランシーへ送られる前のユダヤ人を一時的に収容していた。

ヴィッテル
フランス・ヴォージュ県に位置し、ヴィッテル強制収容所があった。イギリス、アメリカ軍の捕虜も収容されていた。

ピチヴィエ収容所
パリの南に位置するユダヤ人収容所。

ボーヌ＝ラ＝ロランド収容所
パリの南、水の都モンタルジに位置するユダヤ人収容所。

ドランシー
パリ北東の町、ドランシー市に設置された収容所がある。ユダヤ人をポーランドへ移送する通過収容所だった。

これは物語ではなく、写真をならべたアルバムのようなものです。

でも記憶から抜けおちてしまったり、黄ばんでしまったものもあるので、これから先のページには、いまもくっきりしているものだけを選びました。


これは「文学」というものでもありません。

ただわたしは、まるで魂の砂漠にいたようだった戦争中のつらい思い出を、生きのこった者として証言しなくてはならないと思い、十二歳のころから、よみがえってくる記憶をあれこれ書きとめつづけていました。


そういうわけで、この本は、わたしの頭のなかにずっとあったもの。

一九六七年、それをようやく取りだし、実際に文字にして、思っていたことや考えていたこと、書きためていたことを、何週間かかけてまとめたものです。

はじまり

わたしは運のいい子どもだった。父が捕虜になっていたから。

「え？」と思われるかもしれない。たしかに変な言いかたかもしれないけれど、それでわたしの命が助かったのだ――。

――すべてのはじまりは、北フランスの海辺のリゾート、ドーヴィル。

おばあちゃんが家族みんなのために、ドーヴィルで別荘を借りていて、パパとママとわたしのほかに、ダニエルおじさん、シュザンヌおばさんと、ふたりの女の子のいとこもいっしょにすごしていた。

そう、あれは一九三九年八月のこと――。

いまもドーヴィルの、あの砂浜と光る海が目の前にうかんでくる。みんなで散歩するのが楽しくて、水着の上に長く白いバスローブをはおって、子どもクラブから借りてきた、わたしたちの体より大きなビーチボールをふたつも三つも持って、わくわくしながら毎日でかけていた。

浜辺で、おとなたちはそのビーチボールの上にわたしたちをのせ、みんなが笑っている集合写真をとったりもした。

そして、ある日。

浜辺からもどってくると、ラジオが大声でがなりたてはじめた。パパもママも、なぜだか急に青ざめて、二階の部屋に上がっていった。

やがてパパは、夏休みのかっこうから街で着る服に着がえて下りてきた。

それから、みんなと何度も何度もキスをした。息がつまりそうなほどキスをして、抱きしめられて、心もぎゅっと痛くなって……。

そのまますぐ駅に行き、パパは列車に乗った。ラジオは赤い紙や青い紙について、叫びつづけていた。赤紙は召集令状、青紙は予備役兵士の召集令状……。

あのとき、わたしは六歳だった——。

その後、おばあちゃんとシャルルおじさん（おばあちゃんの二番めのだんなさん。それでわたしは「おじいちゃん」ではなく、こう呼んでいた）が、南仏ニースの北のほうにあるシミエ地区にアパートを借りた。

それでわたしたちもそこに住むことになり、わたしは学校にも通うようになって、あっという間に南仏なまりのフランス語をしゃべる子になった。

パパが、はじめて軍隊からお休みをもらって帰ってきたときのことも、よくおぼえている。駅まで迎えにいって、ママとパパが見つめあうようすを見ていたら、わたしもうれしくて胸がいっぱいになった。

わたしたちは三人で、ニースの海岸沿いのすてきな道、プロムナード・デ・ザングレを散歩した。ママはすごくきれい、パパは階級章がふたつついた将校の帽子をかぶってかっこよく、わたしも、サントノーレ通りの「ミルケ」で買ってもらったグレーのコートを着て、得意な気分だった。「ミルケ」は、おばあちゃんが開いたお店だ。

わたしは、兵隊さんみたいな小さい帽子もかぶっていた。コートとおそろいのグレーの帽子——。

それから、パリにもどった。

戦争がはじまったらしいけれど、地上戦はほとんどなくて、みんな、これは「奇妙な戦争」と言っていた。

学校へ行くのに、片手にかばん、もう片方の手にはガスマスクというかっこうは、たしかにとても奇妙だった。

そしてこんどは、サントノーレ通りのおばあちゃんの家に住んだ。学校は、ラ・ヴィル・レヴェック通りの公立小学校。となりには深い地下貯蔵室のある古い家があり、空襲警報にそなえて、そこへ避難する訓練を何度も何度もした。

同級生のひとりが持っていたガスマスクは、わたしのよりすてきというか、これも奇妙というか、先っぽに自分で開け閉めできる小さなまるいふたがついていた。わたしのは、ふたがなくて管が下がっているだけだったので、かぶると、ちょっと変わったゾウさんみたいになった。

毎晩、つぎの日に着るものを、ママと準備してたたんでおいたのだけど、そのやりかたもまた奇妙だった。いちばん上に、かならず毛糸のパンツをのせておくのだ（「地下室で冷えて、お腹にくる風邪をひいてはいけませんからね！」）。

ああ！　もしパパもいたなら、たとえ戦争でも、おもしろがって笑えることがたくさんあっただろうに。

そして一九四〇年六月。わたしが六歳半のとき。

わたしたちはブルターニュの南にあるリゾート地、ラ・ボールに行った。また夏休みがきたみたいだったけど、ママは「夏休み」ではなく「脱出」と言った。

パリはドイツ軍に攻撃されて占領され、たくさんの人たちがいっせいに脱出して、フランスの南のほうへ避難したのだ。

ママとわたしは、地元の人の家の一室に住まわせてもらった。シュザンヌおばさんといとこたちもやってきた。

だれもかれも、落ち着きをなくしていた。

ある日、近所のお店というお店に行列ができ、棚からぜんぶ物がなくなってしまった。

「ロワール川のむこうまで逃げたほうがいいわ」おとなたちはそう言った。「あした、シュザンヌおばさんの車で出発するからね」

それが、ああ！　その「あした」、わたしは風疹になってしまったのだ……。症状は四十八時間続くとのことで、動くことができない。

　そしてその四十八時間後、わたしは、エンジン音をとどろかせて走りさっていくオートバイの隊列があらわれたのを、ながめていた。乗っているのは、とても若くてハンサムで（フランスを占領しにきたドイツ軍は、ハンサムな兵士が念入りに選ばれていたらしい）きりりと軍服を着て、みんなカーキ色で……武器を持っていた。

　イギリスからの放送、ＢＢＣラジオでは、ロンドンに亡命したフランスのド・ゴール将軍が「いつの日か、われわれが戦争に勝利する」と国民に呼びかけ、演説していた。聞いていた人はほとんどいなかったようだけど、住まわせてもらっていた家の、革細工職人をしていたおにいさんは、「いますぐ駆けつける、この将軍のもとに」と言った。

　ところがそれから何日か後、どの家のラジオも、警察署に出さなくてはならなくなってしまったのだ。

そしてママとわたしは、またパリに帰らなければならなくなった。

フランスの北部はすべてドイツ軍に占領されてしまい、列車は、南にある自分の家へ帰る人たちでいっぱいで、座席ふたつを見つけるのもたいへんだった。

列車のなかで、ママはわたしにスモックを着せた。わたしがいやがると、ママはこう言った。「ここにいる人たちはみんな、なにもかもなくしてしまったのよ。こんなにかわいい服を見せて、悲しい思いをさせてはいけないの」

わたしはだまって、スモックを着たままでいた。


パパは、フランス北部アミアンで戦っていたが、そこもドイツ軍に敗れて占領されてしまった。上級将校たちはすでに出発していたらしく、パパはひとりで、兵士たちをロワール川まで連れもどったという。のちに「アミアンの退却」と呼ばれるようになったできごとだ。

パパは、フランス西部の小さな町クリッソンから、わたしたちに写真を送ってくれた。頬はげっそりこけ、あごにかけて、ひげがモジャモジャにのびていた。

クリッソンにはたくさんの将校たちが集められ、ドイツ軍最高司令部から、脱走しないと誓約させられたそうだ。

将校たちは誓約した……そして全員が捕虜にされた。

それからパパたち捕虜は、すこし北東のラヴァルに送られた。

わたしたちもラヴァルに行った。長く泊まっていられる民宿に移って、食事はレストランでするようになった。

お昼どき、ドイツ兵がひとり、わたしを呼びとめて、キャンディを差しだしたことがあった。

「この子はぜったい、いただきません！」ママが叫んだ……。

「どうぞお好きなように、奥さん」

ドイツ兵は笑った。

そのドイツ兵が行ってしまうと、ウエートレスのおねえさんが来て、教えてくれた。

「いまの人は、となりの通りでこの五年、床屋をやってたんだけど、ほんとうはフランス人じゃなくて、スパイだったってわかったのよ」

床屋というのは、仕事がら、みんなのことをあれこれ知っている……。

みんな、その人をこわがっていた。

パパはその後、捕虜として、ラヴァルの神学校の建物に連れていかれたとのことだった。

ママとはじめて訪ねていったとき、パパは、そこでどんなふうに過ごしているのか話してくれた。

「ここにはおよそ六千人の将校がいるが、神学校の部屋は一五〇しかないから、みんな、どこででも寝るんだ。廊下でもトイレでも、台所でも……。食事は、シスターたちが若い神父たちのために作っているけど、パパたちはお皿ではなく、つぼやバケツや、ほかにもどんな入れものからでも食べる」

きたない、とわたしは思った。

一九四〇年八月十八日。わたしは七歳になった。

ママが大きなケーキを買ってくれて、わたしたちはそれを持ってパパのいる神学校に向かった。

入り口で、見張りのドイツ軍兵士がわたしたちの箱や袋をぜんぶ調べて、ケーキが入った厚紙の箱も乱暴にゆすった。

「ばか！」思わずママが叫んだ。それからはっとして顔をひきつらせながらつぶやいた。「平気平気、いまの、きっとわからなかったわよね！」

わからなかったかどうか、わたしにもわからなかった……。

ママが、パパと仲間の人たちにこの話をすると、みんな心配そうな顔をした。

それからみんなでケーキを食べた。つぶれたり割れたりしていたけど、それでもおいしかった。パパとママはキスした。暑くて、外の草はぐったりしているような日だった。

七歳、ばんざい。

黄色い星

二日後の面会のとき、たくさんの兵士たちが、カーキ色の軍服姿で武器を持って、入り口への道をふさいでいた。

ママは、パパにキスする許可をもらっていた。パパは見張りたちが大勢見ているのもかまわず、ママとわたしをぎゅっと、とても強く抱きしめてくれた。

「われわれはラヴァルをはなれるよ」パパはそう言った。

わたしたちに親切にしてくれていた女の人が、「そのとおりよ」と教えてくれた。彼女は捕虜たちの出発を手伝ったのだそうだ。

収容所というのがどういうものか、ドイツ兵というのがどういう人たちか、それまでわたしはよくわかっていなかった。でも、このときわかった。そして思った――これが戦争なんだ。

わたしたちはふたたびパリのアパートにもどり、わたしはジュフロワ通りの小学校に通うようになった。

パパはときどき長い手紙をくれた。封はされておらず、ただ折りたたまれているだけで、中は赤い線が引かれていたり、欄外になにか書かれていたりした。当局に開封され、読まれて、検閲されているのだ。

その冬は寒く、雪がたくさん降った。

「あんまりお金がないの」とママは言った。「あなたには学校の給食を申しこんであげる。そのほうがきっといっぱい食べられるからね」

一九四〇年――四一年、冬。

家にある武器は、ぜんぶ警察に出さなくてはならなくなった。うちには猟銃が二丁とフェンシングの剣（パパはフェンシングをした）、それに「ジャンヌ・ダルクの剣」というものがあった。パパが学生だったとき、巡業にきた劇団の女優さんからもらったそうだ。

うちの管理人のボーおじさんに手伝ってもらって、わたしたちは猟銃をセーヌ川にしずめた。それからママは、内心ばかにするように、武器のうちに入らないようなフェンシングの剣とジャンヌ・ダルクの剣を、警察に持っていった。

たくさんの人たちが、同じようなことをしたらしい。

それから、ユダヤ人のお店はどこも、ウインドーに「ユダヤ人」と大きく書いたものを貼らなくてはならなくなった。

どうしてそんなことをしなくちゃならないの？

わたしにはよくわからなかった。毎日、なんでも「どうして？」と聞かずにいられない小さい子どもにもどってしまったみたいだった。

ところがやがて、そうした家はどこも、義務で貼らされた「ユダヤ人」以外のものもウインドーに飾るようになって、これまでの戦争での家族の功績を、いっしょに掲げはじめたのだ。

おばあちゃんは「フランシーヌ・パリィ」（これもおばあちゃんがつくったお店で、上に孫のわたしの名前をつけてくれた）のウインドーに、家族がもらった勲章をぜんぶ飾った。モーリス・エヴァールおじさんが、第一次世界大戦中の一九一五年、イギリスなどとの連合軍とトルコ軍との大激戦になったダーダネルス海峡作戦に参加したときのもの、ジョルジュおじさんが毒ガスをあびせられてしまったときのものなどなど……。

お向かいの宝石商、Eさんのところなど、見たこともないほどたくさん勲章を飾っていた。第一次大戦の一九一四年から一八年にかけての勇かんな行動を、たたえられたものばかりだ。

警察はこうしたものを見つけると、残らず取りはずさせた。そして勢いあまったのか、「ユダヤ人」と書かれた黄色い貼り紙まで、いっしょにはずさせてしまった！

クリスマスがきた。でもわが家のモミの木は、枝一本だけ。戦争だから。

わたしの靴下には、板チョコが一枚と、パパからの手紙が入っていた。板チョコには「パパへ」と書かれていたので、わたしはそれを、次に送るパパへの小包のなかに入れた。

それでも、なんて美しいクリスマスだったことだろう。

やがて春になり、夏がきて、わたしは歩道で郵便屋さんの家の女の子と、石けりをして遊ぶようになった。

夜になると、ママはこっそり管理人さんの住まいに下りていき、ラジオを聴いていた。

パパからきた手紙に、検閲がふきげんになったとわかる一通があった。パパが書いた一節が線で消されていて、そのわきに「言いすぎだ」と書いてあったのだ。

一九四一年十二月。とつぜん家に人がふみこんできて、パパを逮捕すると言った。管理人さんたちが、パパはドイツで捕虜になっていて、ここにはいないと説明したのに、それがうまく伝わらなかったらしい。

ママはようすが変だった。こわかったのだと思う。

毎日夕方になると、ママはおとなりのおばさんと、いちばん近いレヴィ通りの八百屋さんに行っていた。そしてまず野菜くずや、ニンジンとかジャガイモの葉や茎をかき集め、それから列にならぶ……。おとなりのおばさんも、だんなさんが捕虜になっていた。

おばあちゃんの弟、アルフレッド大おじさんは、何度かわたしたちをレストランに連れていってくれた。そういうとき、ママはおじさんの顔をたてるため、美しいレースの帽子をかぶっておしゃれした。帽子を頭にのせながら、こんなふうに言って。

「これをかぶってアルフレッドといっしょにいる私を見たら、みんなどう思うかしらね」

ある日、アルフレッド大おじさんはとつぜんパリをはなれて、田舎に行ってしまった。

それ以来、ときどき野菜のいっぱい入った小包が、届くようになった。

そして大おじさんのことは、もう、ひそひそ声でしか話せなくなった。(1)

原注（1）　わたしの大おじアルフレッド・ヴェイユと、いとこアルベール・クリストフは、一九四三年、レジスタンス（第二次世界大戦中のドイツに対する抵抗運動）の仲間とともに銃殺された。このとき、死んだと思われてドイツ兵たちに放置された仲間のひとりが、近くの農家までなんとかたどり着き、いきさつを話したのだ。ロワール・エ・シェール県のマーヴに、おじたちの記念碑がたっている。

食料品店の前には、いつも長い行列ができた。そして何時間もならぶのに、手に入るのは、けっきょくジャガイモが何個かと油がほんのすこしだけ。

ママはとてもおいしいマロンケーキを作ってくれた。栗のかわりに白インゲンで！

こんな笑いばなしが広まった。すてきなご婦人がふたり、料理の話をしていて――。

「ねえ、私びっくりするようなチョコレートケーキを作ったのよ」

「まあ、作りかたを教えて……」

「チョコレートも小麦粉も使わないの。卵も砂糖もバターも……」

「で、それ、おいしいの？」

「ぜんぜん！」

ある日、ママに言われた。わたしたちはユダヤ人だから、夜八時以降は外出してはいけないことになった、と。

パリ十六区のエグゼルマン大通りに、パパの捕虜生活の仲間だったモードさんというおばさんが住んでいた。そこへママと遊びにいって、帰るときのこと。

電車に乗ろうとしたら、オートゥイユ駅が時間より早く閉まっていて、地下鉄に乗らなくてはならなくなった。日が暮れると地下鉄は危ないと聞いていたから、わたしは緊張して冷や汗をかいた。家に着いたときは八時を五分過ぎていて、心臓がドキドキ鳴っていた。ほんのすこしの違反でも、いまは逮捕されてしまう。

でも、ママ、どうして？

わたしはヴィシー政権(*)のもとでの歌、「元帥よ、われらここにあり」をうたうのがうまかった。

第一次世界大戦で戦い、人望のあつかった医師、ジョルジュ・レヴィ先生でさえ(1)、ペタン元帥(**)がわたしたちを救ってくれると思っていた。ユダヤ人の多くが、そう思っていたのだ。

訳注（*）一九四〇年、ドイツに占領されたフランスで、中部の街ヴィシーに、ペタン元帥を国家元首として成立した政府。ドイツへの協力を義務づけられ、反ユダヤ主義の政策をおこない、ナチスに従った。

（**）フィリップ・ペタン（一八五六―一九五一）フランスの軍人、政治家。第一次世界大戦で軍人としての名声を手に入れ、元帥に昇進。

原注（1）専門は性病と皮膚科。サン・ルイ病院とサン・ラザール病院で、そうした病気にかかる貧しい女性たちへの医療をはじめて確立。のちに、「愛国的な暗殺者」と呼ばれるようになったジョゼフ・カイヨー首相夫人の主治医ともなった（夫人は夫の名誉を守るため、「ル・フィガロ」紙の編集長を射殺するという事件を起こしたが、編集長が反フランス的な行動をしていたとわかって、無罪となった）。

そうした情熱的な仕事ぶりや思い出を、ぜひ回想録にまとめてもらいたかったが、先生は断わりつづけ、実現しなかった。

わたしたちは、旅行をしてはいけないことになった。

働いてもいけないことになった。

買いものは、店が閉まる時間のあとにしか、してはいけないことになった。いつも行くお店では、わたしたちのために小さな包みを用意しておいてくれることもあったけど、それさえ危険なことだった。

ドイツ軍司令部の命令で、ママはわたしたちの名前を登録するために、ほぼ半日かけてパリ警視庁にならんだ。

そのあとは、地元の警察署。身分証明書に「ユダヤ人」という赤い大きな文字のスタンプを押された。

でもそれをあとで消す人たちもいたので、けっきょく、文字の部分にパンチで小さな穴を開けられてしまうことになった。

「クリストフ」という名字なら、だまっていればユダヤ人とはわからないだろうと言われたこともあった。でもママは「私はつねに法には従ってきましたから」と答えた。

それなのに、これから先、わたしたちは迫害されることになる……。

ママ、ユダヤ人だというのは、だからどういうことなの？

ママは毎晩、自分でアレンジしたお祈りをわたしに唱えさせるでしょ。

「神さま、わたしの家族と友人たちをお守りください。わたしがまわりの人たちによいことをおこなえるように、わたしをもっといい子にしてください」

このこととなにか関係があるの？

パパのいとこに、軍医大将だったギュスターヴ・ヴォルムおじさんがいた。第一次世界大戦の英雄で、パリ五区にあるヴァル・ド・グラス軍事病院の院長だったのに、ユダヤ人だからというだけで院長をやめさせられた。

おじさんはロワール地方のサン・テニャンという町まで逃げ、追っ手は、けっきょくおじさんを捕えられなかった。その前に、心労で死んでしまったから……。

わたしは八歳半だった。よく勉強した。成績は、たいてい一番か二番だった。

ある日曜日、ママが服という服に黄色い星をぬいつけた。星には黒い太字で「ユダヤ人」と書いてあった。

手に入れるまで長く待たされ、衣料品用の貴重な配給切符を使わされ（これがあれば服を買えたのに）、たぶんお金も払わされた黄色い星――。

わたしたちは、おばあちゃんの家でいっしょにランチを食べるためにでかけた。そう、ママは若くきれいで、気品があった。わたしは八歳で、金色の巻き毛だった。髪は輪回し遊びの棒で巻いてもらっていた。

それにしても、わたしたちはじろじろ見られた。

ママが言った。

「あなたは姿勢のいい子だけど、これからはいつも、もっと姿勢よく、胸を張っていなさいね」

おしゃれな高級ブティック街、サントノーレ通りをおばあちゃんと散歩していたら、よく知っているおばさんが道をわたってきて、わたしたちの手をにぎりしめながら言った。

「黄色い星、黒によく合って、すてきよ」

その前の週、わたしはクラスでいちばんのなかよしに、「これからもいっしょに遊んでくれる？」と聞いてみた。わたしはもうその子と同じではなくなるから。胸の星が、そうしめすことになるから。

その子は意味がよくわからなかったらしい。

で、わたしは？　わたしもほんとうにわかっていた？


そして月曜の朝、わたしは体の左半分をほぼおおってしまう星をつけて、登校した。中庭に入っていくと、全員がわたしを見た。校長先生はわたしを抱(だ)きしめ、キスしてくれた。

わたしはとても姿勢よく、胸を張っていた。ママに言われたとおりに。ユダヤ人でいなくてはならないのなら、わたしはふるえたりせず、ほほえみながらユダヤ人でいよう。

地下鉄では、改札係がすまなそうに「いちばんうしろの車両に乗って」と言った。わたしたちが乗ってもいいのは、そこだけだった。

学校の中庭で、雨の日用の屋根の下に行ったら、友だちふたりにつねられた。わたしはもうその屋根の下に入ってはいけないのだと、ふたりは親から聞いていたのだ。

でも学校を出ると、いつも荷車を引いてトクヴィル広場で野菜を売っているミミが、わたしを抱きしめ、キスしてくれた。ドイツ軍の将校が、ちょうど通りかかったのも気にしないで！


街の壁などで、「楽な仕事で高収入」という貼り紙を見かけるようになった。失業中で仕事をさがしている人は、その事務所で面接をする、と。

ずっと独身の、その街の女の人が、「ちょっとちょっと」とママに話しかけた。

「ちょっとクリストフさん、私、仕事が必要だからここに行ってみたんだけど、ああ！　とんでもない話だったのよ！　何て言われたと思う？　建物の一階の、よろい戸を閉めきった部屋にすわって、外の人たちの話に聞き耳をたてて、警察に知らせろっていうの。自分から申し出てないユダヤ人がいたら、それも密告するようにって。ええ、そりゃ『楽な仕事』かもしれないけど、そんなことをするぐらいなら、私、なにも食べずにいるほうがまし！」

黄色い星は、ピンでとめるだけではだめで、ぬいつけなくてはならず、いつ検査されるかわからなかった。

ぬいつけずにスナップでとめていたという理由で、逮捕された人たちがいた。星のまわりにレースの縁かざりをつけたという理由で、投獄された若い女性もいた。「ハンカチはポケットに入れなさい」と子どもに言ったおとうさんが、ドイツ兵に連れていかれたこともあった。「ポケット」が、占領者たちをののしることば「ドイツ野郎」と聞こえたのだ。

連れていかれた人たちは、二度と帰ってこなかった。

わたしたちは、どんな公共の場に入ることも、完全に禁止された。美術館も劇場も、映画館も公園も、カフェも。

凱旋門近くのモンソー公園を、外からわたしはじっとながめた。中に入りたかった。鉄柵のむこうに、遊んでいる友だちがいっぱい見えた。

中にいる友だちと遊ぼうとして、十七区のバティニョール公園に入ろうとしたこともあった。でも胸の星のせいで、「あなたはだめ」と追いかえされた。

わたしはどうしたらいいのかわからなくて、ばかみたいにその場で右足から左足へ、左足から右足へ、ただ体重をかけなおしては体をゆすって、みんなが遊びながら大声でなにを言っているのか聞きとろうとした。

星をつけるのはべつにかまわなかったけど、友だちとはいっしょにいさせてほしかった。ふん、わたしはくさくなんかないのに！(*)

ママは管理人さんの家に行っては、ラジオでイギリスのBBC放送を聞きつづけていた。そしてすこしでも物音がしたら、階段につながっている裏口から逃げる。

あちこちで人が逮捕されるようになっていた。地下鉄でもユダヤ教の教会でも（わたしの家族は無宗教で教会には行っていなかった）、一斉検挙といって、一度に大勢のユダヤ人が連れていかれた。学校の帰りにも、黄色い星を胸につけた子たちが、両親に知らされることさえなく連れ去られた。

地下鉄の駅や街角のあちこちで、反ユダヤの大きなポスターを見かけるようになった。ポスターに描かれたユダヤ人は、しゃくれたあごで、斜視、分厚いくちびるにわし鼻、指は鳥のかぎ爪みたいにまがっていて、頭にはぼろ布のような帽子をかぶっている。

すくなくともひとつ、家族で笑ったことがあった。うちでそのポスターみたいな鼻をしているのは、おばあちゃんの二番めのだんなさん、シャルルおじさんだけだったが、おじさんはナチス・ドイツ(＊＊)がたたえている金髪で青い目で背の高いアーリア人(＊＊＊)、そのうえキリスト教徒だったのだから。

そこらじゅうで、ユダヤ人は家を追われるようになった。

ある日の昼間、十七区のカルディネ通りで、わが家の友人のレヴィ・ド・スーザさんの家から家具が運びだされていた。

野菜売りのミミが、商売道具の荷車をしまっている物置を、いつでも使ってとわたしたちに言ってくれた。前にうちでお手伝いをしてくれていた大好きなネーヌは、自分の住まいを使わせてくれると言った。自動車修理工場のドレおばさんは、うちの屋根裏を、と。それである日の真夜中、馬が何頭も描かれている大きな絵とパパの革の

訳注（＊）　公園の入り口には「犬とユダヤ人、入園禁止」という札が出るなど、ユダヤ人は動物扱いされた。

（＊＊）　ナチスは「国家社会主義ドイツ労働者党」のドイツ語表記をもとにした略称で、ナチスがヒトラーを党首として政権の座についていた一九三三年から一九四五年のドイツ国を「ナチス・ドイツ」と呼ぶ。

（＊＊＊）　もとはインド・ヨーロッパ語族全体を指していたが、ヒトラーが政治的に利用し、背が高く色は白く鼻はまっすぐで長く、金髪で青い目と定義して、アーリア人だけを正統なドイツ国民と考え、ユダヤ人などを排斥する理由とした。

ひじかけいすを、タクシーの運転手さんふたりにそこへ運んでもらった。

うちが住んでいた建物には、だんなさんがパパと同じ捕虜になっているモード・ナルソンさんも住んでいて、自分の名前で部屋を貸してくれた。管理人のボーおばさんも、自分の持っている部屋を貸してくれた。

おかげでパパのたくさんの本や、家具とか家族の品々などの一部を、危なくなさそうなところにすこしずつ運んでは、かくすことができた。

ママはおびえていた。わたしもこわかった。あちこちでひっきりなしに、星をつけた人たちがいなくなって、二度と帰ってこなかったのだ。

そのころパパも、収容所でユダヤ人検挙の話を聞いて、不安に思っていた。

まだパパに会えた一九四〇年のうちに、ママはパパと、ちょっとした暗号を考えだしていた。それを使って、パパはわたしたちに伝えてきた。パリを出て、ドイツ軍に占領されていない南東の地域までなんとか行き、そこでダニエルおじさん、シュザンヌおばさんや娘たちと合流するように、と。

ママ、こわいよ。去年わたしは七歳で、今年、八歳になった。ほんの一年しかたっていないのに、もう何年も過ぎたみたいな気がするの。

そのあいだに、わたしは知ったのだ。わたしはユダヤ人で、「怪物」で、身をかくさなければならない、と。

わたしはこわかった。こわくないときがなかった。

わたしは学校で、捕虜の子のうち、成績が一番だった生徒を表彰するペタン元帥賞を受けた。だが賞品の本をもらって、題名を見たとたん、笑いに笑った。題名は『聖人たちの生涯』(*)。あまりにおそろしくて、もう笑うしかなかったのだ。

パパはドイツのニュルンベルクの捕虜収容所にいたが、そのあとオーストリアの小さな村、エーデルバッハ(**)に移された。

訳注(*) 聖人たちは、殉教するなど悲惨な最期をとげた場合も多い。
(**) そこにフランス軍士官用の収容所があった。

第一次大戦の退役軍人たちは、解放された。それで四階に住んでいたコカールさんは、フランスに帰ってきた。コカールさんは、わたしの友だち、ジュヌヴィエーヴのおとうさんだった。

ユダヤ人の退役軍人たちも、解放された。ところがパリに着くと、軍服をぬがされ、もう軍人ではないということで、捕虜を守るジュネーヴ条約(*)もあてはまらないことになった……。

そこでユダヤ人だからとたちまち逮捕され、ドイツの「強制収容所送り」となったのだ。

強制収容所送り——はじめて聞いたことばだった。

一九四二年七月十六日の夜、わたしの友だちルネとボブのおかあさんが、連れていかれた。おとうさんはアーリア人だった。でもおかあさんは、フランスではなくドイツで生まれたユダヤ人だった。

おかあさんは、二度と帰ってこなかった。

「たくさん連れていかれてるわ、同じような人が、たくさん」ママが言った。

南へ

一九四二年七月。夏休み！

ママがわたしに言った。

「いい？　十四区のボアソナード通りの角まで行ったら『ああ、暑い！』って言って、ジャケットの前を大きく開けるのよ。それで黄色い星がかくれるようにして、えりのあたりをなんとなく押さえたまんま、管理人室の前をいそいで通りぬけなさい。自然な笑顔をわすれずにね。信用できる管理人かどうか、わからないから」

わたしは実行した。おじいちゃんの友人だったけれど亡くなってしまった大画家、ジャン＝マリウス・アヴィの奥さんで、同じく画家のクロ・アヴィ＝プレニヤールさん(1)が、じりじりしながらわたしたちを待っていた。

訳注（＊）戦時国際法として、負傷者、病人、捕虜の待遇を改善するための国際条約。一八六四年、赤十字国際委員会が提唱して、スイスのジュネーヴで結ばれた。

原注（1）クロおばさんのおかあさんは、年老いて目も不自由だったのに、このあと毎日朝六時に教会に行き、わたしたちの無事を祈りつづけてくれた。戦争が終わるまで、毎日！

ママとクロおばさんは、わたしたちの衣類からぜんぶの星のぬい目を切って、つぎつぎ取りはずすと、ひとつ残らず、あとかたもなく燃やした。

それからわたしたちはお昼を食べ、クロおばさんに無事を祈ってもらって、出発した。

「さあ、もう一度言ってみて。『わたしはこれから、ラ・ロシュフーコーにある友だちのラロさんの家へ、夏休みをすごしにいくところです』」

（「ラロっていうお友だちがほんとうにいるし、占領されていない地域へ私たちを逃がす手引きをしてくれる人も、ラロさんていうんだから、話が合うわ」とママは言った）

同級生のラロさんは、ふたごで、髪を結んでいるリボンの色以外、なにからなにまで同じだった。わたしはふたりのことが、わりと好きだった。

「だけど、ほんとうのこともわすれないように。私たちは、ドイツ軍が占領している地域の境界線をこえて、非占領地域にいるダニエルおじさんのところへ行くのよ。荷物は、ルジェさんが申し出てくれたとおり、ルジェさんの名前をかりて、さきに送ってあるからね」

　わたしは近所のルジェさん一家も好きだった。とくにニコルは、大のなかよしだった。

「ふつうにしてなさい。さあ、オーステルリッツ駅よ。にこにこしててね。これから夏の旅行にでかけるんだから。胸にはさわっちゃだめ、星はもうないでしょ。ほら行くのよ、さっと通って。こっちよ、で、そこ。乗って。はい、すわって」

　南へ向かう列車が動きだした。ママがわたしを見つめ、耳もとに口をよせてささやいた。

「やったわね……！」


　パリからだいぶ乗って、アングレームの駅に着くと、乗りかえのために降りた。そして次に乗る列車が来るまで、駅のホームを早足で歩きつづけた。旅行客もいたけれど、武器を持ったドイツ兵たちもいた。

　次の列車が来た。古くて、中は木でできていて、むかしながらの小さく仕切られた客室になっていた。わたしたちの客室には、ほかにひとりしか乗客はいなかったけれど、その人はさかんにたばこを吸った。わたしは煙ですっかり気持ち悪くなってしまった。

一年前だったら、わたしは文句を言ったにちがいない。でもそのときは、だまっていた。胸がむかむかしていた。

ああ！　最後の自由な旅行だったのに、わたしは吐き気と戦い、口のほうへさかのぼってくるものを、こらえつづけなくてはならなかったのだ。

ラ・ロシュフーコーに着いた。列車が止まった。ホームには、武器を持った兵士がたくさん、ほんとうにたくさんいた。

ママがひそひそ声で言った。

「こんなことになってるなんて。ここまでは来てないと思ってたのに」

わたしたちは列車を降りた。

出口では、ドイツ兵が身分証明書をチェックしていた。

「行ってよし」「待て」「よし」「待て」

ママとわたしは「待て」と言われた。ほかに男の人がひとりと、女の人がひとりに、その三人の大きな娘たちが待たされていた。

そのほかの乗客たちがみんな行ってしまうと、「こっちへ」と言われた。

わたしたちは外へ出て、ラ・ロシュフーコーの通りをわたっていった。ああ、あのときわたしは、なんと小さかったのだろう！

わたしたちは一軒の家に入り、階段をのぼってドアのなかへと進まされた。

大きな机がひとつあって、そのむこうには、将校らしき人たちが三、四人いた。部屋のすみには、タイプライターを打っている兵士がひとり。それに犬がいた。大きくておそろしげなグレートデーンだった。

将校らしき人が、ふたりで質問をはじめた。ひとりはとてもやさしげで、にこにこして礼儀正しい。もうひとりは荒あらしく、どなりつけてばかり。かわるがわる、まるでお芝居みたいだ。

「名前は？」

「フランシーヌ・クリストフ。一九三三年八月十八日生まれ。住所はパリ十七区カルディネ通り一〇六番。おとうさんは中尉で戦争捕虜です」

「ユダヤ人だな」

「いいえ」

「ユダヤ人だと言いなさい、お嬢ちゃん」

「言え、このくそガキ」

「言ってごらん、いい子だから……」

「白状しろ、虫けらめ！」

「部屋から出なさい」

そしてわたしは兵士ひとりと銃一丁、犬一ぴきに見張られて、ひとりにされた。

こんどはママの番だった。いまの部屋で、ねこなで声を出したり、どなったりするあの男たちにかこまれているのだ。

「いいえ」「いいえ」「いいえ」そう答えているのが聞こえてくる。

それからドアが開いた。

「よく見ておくんですな、お嬢さんを。あんたが白状しないなら、お嬢さんを連行します」

「わかりました、わかりました、私（わたし）はユダヤ人です」

わたしたちは階段（かいだん）を下（お）り、広場を横切って大きな門をくぐった。門はわたしたちのうしろで閉（し）まった。

ママがわたしを見て、大きくためいきをついた。

「ふう！」

それでわたしは泣きだした。その「ふう！」が、こういう意味だとよくわかったからだ――つかまっちゃった。でもしょうがない。これでもう、かくれたり壁（かべ）に張（は）りついて歩いたり、逃（に）げたり、こわがったり、いまなにが起きているのか気をもんだりしなくてすむようになったのよ。

まわりには、五十人ほどの人たちがいた。みんな笑顔（えがお）で、わたしたちを元気づけようとしてくれた――さあさあ、生きているかぎり、希望はある。われわれみんな、こうしてつかまってしまったんだから、それはもうしかたない。なにかよいことをさがそう……。

一九四二年、七月二十六日のことだった。

わたしたちがつかまってしまったのは、身分証明書の偽造がまずかったからだと、ママは言った。そのとおりだった。そのため駅の検査でばれてしまったのだ。ラ・ロシュフーコーには留置場がなかったので、わたしたちは、穀物中央市場の二階にある催しもの場に入れられた。

大きな部屋には、舞台の上までぎっしりベッドがならんでいて、お芝居用の小道具もあったので、なんだかおかしくて笑ってしまった。ボクシング用の巨大な赤いグローブがころがっていた。

近くには修道院があり、そこのシスターたちが食べるものを用意してくれた。日に二回、わたしたちは順番でもらいに行った。

見張りの憲兵たちのなかには、つかまったばかりのわたしたちの恐怖や緊張をやわらげようとしてくれる人も、何人かいた。シャルルおじさんの部下だった人も、ひとりいた。ママはすぐその人に、娘用のドリンク剤とタオルを買ってきてとたのんだ。

その人は、タオルを見つけられなかったからと、自分の家からタオルを二枚持ってきてくれた。どちらにも、その人のイニシャルがついていた。

ラ・ロシュフーコーには四日いた。最後の日、ママは食べるものをなんとかさがしに行って、心やさしいシスターたちから、ゆで卵を二個もらってきた。

それからバスで、みんなアングレームに連れていかれた。

アングレーム――そこは本物の刑務所だった。

長い廊下、重くて分厚いドア、大きな鉄格子。きびしい顔つきの女看守が、大きな鍵たばをジャラジャラいわせて歩き、独房がいくつも続いている。独房のドアには小窓があって、そこからうすいスープの入った入れものや、砂糖が一日にひとつと四分の一かけだけ差し入れられる。

ママは、雑居房に入れられたほかの人たちと（赤ちゃんを抱いたとても若い女の人もいた）順番で、水をざぶざぶ使って、壁や床をそうじした。

そうじなどする囚人はめずらしかったらしく、女看守はわたしたちに対してすこしやさしくなった。

顔をあらったりトイレに行ったりするときは、何人かいっしょで、中庭の監視兵がついてきた。中庭は工事中で瓦礫だらけ、車輪のあとがあちこちについていた。

男の人たちが収容されているほうから、歌が聞こえてきた。

なにもかもはじめてのことばかりで、わたしは興味しんしんだった。

アングレームにも四日いた。毎日、ママがゆで卵を半分くれた。

そしてまたバスに乗せられた。

つぎにどこへ行くのか、わたしたちには知らされていなかった。

到着前に、バスは衝突事故にあった。

村の人たちは、わたしたち子どもに、バターをぬったパンをくれた。わたしたちは配給切符で砂糖を手に入れた。

ポワチエ

はじめての収容所。鉄条網でふたつに分けられていて、一方にはユダヤ人、もう一方には、ユダヤ人と同じように連行されてきたロマ民族の人たち。

到着したとたん、こんなことを聞いた。

「結婚指輪をかくせ。取りあげられるぞ」

まわりの人たちは、指輪をとっさに口へ入れた。ママは、ラ・ロシュフーコーで手に入れた球型のバターのなかにかくした。

わたしたちは、ネズミがうようよしているそまつな小屋で、床にじかに藁をしいて寝た。夜中、わたしの顔の上をネズミが走っていった。

お昼、大なべからスープをよそっているのを見ていたら、なべからも一ぴき出てきた。

収容所は人でいっぱい、トイレは白いうじ虫でいっぱい。トイレ——そこには個室がいくつかならんでいて、仕切りの壁はもちろん、天じょうにまで、うじ虫がびっしり張りついている。用をたす前には、足であたりをはらっておかないと、靴の下でグチャッといやな音がするのを聞くはめになる。

四日間のネズミ入りスープのあと、どこへ行くのかまたわからないまま、わたしたちはポワチエをあとにした。

真夜中、まわりじゅうなにもない田舎で、武装した兵士たちと何びきもの犬に追いたてられながら、わたしたちは家畜用の貨車にほうりこまれた。貨車の床は高くて、わたしはころんで痛かった。

扉はぜんぶ閉められた。鉛の張ってある扉で、窓もない。まんなかには肥だめ用の桶が置いてあったが、すぐにいっぱいになって、あふれた。

気をうしなってしまう人が、つぎつぎ出た。吐く人、具合が悪くなる人もたくさんいた。子どもやお年よりは泣いていた。みんな息が苦しくて、ちっ息してしまいそうだった。

真っ暗闇のなかを、列車はそのまま何時間も走りつづけた。わたしはママにしがみついていた。

ひどいにおいが充満し、のどがかわいてお腹はぺこぺこ、こわくてたまらず、疲れきってぐったりしていた。

ドランシー　一九四二年八月

到着したのは、パリ北東の町、ドランシー。

頭にこびりついて永久に消えることのないような、おそろしい光景が毎日続くなかで、わたしは九歳の誕生日を迎えた。

ドランシー収容所は長四角に広がった土地で、その三方に、まだできあがっていない公団住宅の建物があった。残りの一方はレンガづくりの低い建物で、みんな「お城」と呼んでおり、そこに用たしの穴が五十個ぐらい集まっていた。

その横が、出入り口。人々が到着したり連れていかれたりする。

部屋は大部屋で、将来は住居として仕上げられるらしかったが、まだ大まかな工事しか終わっていなかった。

寝るときには羽根入りのマットがあったが、あちこち破れているうえ、血や排せつ物でよごれていて（どこから持ってきたんだろう？）、配管がまだむきだしで走っている床に直接置かなくてはならなかった。

みんな、配管で足をくじいた。そしてそこらじゅうに羽根が舞っていた。

「お城」に行くには、十人集まらなくてはならなかった。お腹をこわしている人は、かわいそうだった――。

「お願い、いま九人しかいないから、いっしょに来て。もうがまんできない」

「行けないの。さっき行ったばっかりだから。目をつけられる……」

行くときは憲兵に連れられ、列を作って、だだっ広い中庭を横切っていく。中庭は石炭の燃え殻におおわれていて、歩きにくく、黒いほこりが雲のようにわきあがる。みんな皮膚が灰色になった。

塔のように高い建物が五棟、収容所を見おろしていて、そこにフランス人憲兵たちと家族が住んでいた。憲兵たちは看守をつとめていて、たいていこわかった。憲兵隊長は残酷だった。

ママは、「皮むき場」で何時間も野菜の皮むきをさせられた。立ちっぱなしで。同じ皮むき仕事をする人たちのなかに、ひとり気品あるおじいさんがいて、その人の思い出話のおかげで、手が痛いことも、ときには血が出ることも、わすれられる気がしたという。

その人の名は、ルネ・ブルム。有名な音楽評論家で、モンテカルロ・バレエ団の創設者でもあり、またフランス人民戦線内閣を率いた政治家、レオン・ブルム(*)の弟でもあったのだ（だが、のちにアウシュヴィッツ強制収容所で亡くなった）。

そして、ああ！　列になって歩いていく子どもたちの群れ！　頭を丸坊主にされて、頬はこけ、ぼろをまとい、たがいにひもでつながれていることさえあった。

ドイツやスイス、オーストリアなどのヨーロッパ中央部でつかまったユダヤ人の子どもは、たいてい強制的に親から引きはなされ、送られた先の国でもひどい扱いを受けた。

行列のいちばん小さい子たちは、歩くのもやっとで、いちばん大きい十二歳か十三歳ぐらいの子どもたちが手をかしている。

そんな子どもたちが二十人、三十人、五十人、百人と群れをなし、名前を聞いても年を聞いても、ひとこともしゃべらない。おどおどして、なにもかもわすれたように、ただぼう然としている。そしてみんな、ドイツに送られていった。

ときどき献身的な女の人が何人か、つきそっていくこともあった。胸には「ユダヤ人の友」と書かれた星がついていた。(**)

ママ、小さな子たちにあんなにひどいことをする人たちも、夜、自分の子どもたちには、やさしい笑顔でキスするの？

中庭のまんなかに、鉄条網でかこまれたところがあって、これから出発する人たちはそこに集められ、「身体検査」のための小屋に入れられていた。

訳注（*）　フランスで三度首相をつとめた政治家（一八七二―一九五〇）。一九三六年、人民戦線内閣を率いたが、ヴィシー政権のもとで逮捕。ユダヤ人であるためティロルなどの強制収容所に送られたものの、生きのび、戦後も首相をつとめた。

（**）　フランスでは、ユダヤ人が黄色い星をつけなくてはならないことに抗議して、「ユダヤ人の友」と書いた黄色い星を自分でつける人々がいた。ユダヤ人との連帯のため、ドイツ軍支配への抵抗（レジスタンス）の精神のため、またキリスト教徒としての自由や隣人愛をたいせつにする信念のためなどだったが、見つかれば逮捕され、おもにドランシー収容所に送られた。

小屋では、ドイツ兵とドイツ人憲兵の監視のもと、ユダヤ人の係の者たちが、送られていく人たちの持ちものをぜんぶ取りあげる。

それからその人たちの髪を刈る。金色、茶色、灰色、黒、あらゆる色の髪の毛が、もうもうとあがる石炭殻のほこりのなかを舞う。

騒音、悲鳴、するどい警笛……。犬のかん高い鳴き声、高圧的な点呼の声、扉がきしむ音……。

終わった人たちは、鉄条網にかこまれたなかで、最後の旅に出るのを待つ。

丸刈りにされた男の人がひとり、折りたたみ式のポケットナイフが地面に落ちているのを見つけ、ふと立ちあがってひろうと、のびた爪をそれで切った。

そうか！　ポケットナイフでも爪は切れるんだ。つまり野菜の皮をむくみたいにして……。

このときの光景は、わたしのなかに強烈に刻みつけられた。

ああ！　そしてまた子どもたちの群れが通っていく……。

牧場にいる羊の群れなら、気ままに遊ぶこともできる。田舎道を進む牛の群れなら、立ちどまって草を食むこともできる。

でも収容所を行くユダヤ人の子どもの群れには、もう魂がどこにもない。だから、ただまっすぐ進んでいく。うつろな目で、のろのろと、すでに死んでいるみたいに。

「ああ！　ママ、ママ、わたし、もうこんなの見てられない」

わたしはママの腕に飛びこみ、必死にしがみついた。あの子たちが母親から引きはなされそうになったとき、したにちがいないように、ありったけの力で。

腕に、爪のあとや引っかき傷がついている子たちもいた。おかあさんたちも最後の最後まで、たとえ爪をたててでも、腕のなかのわが子をはなすまいとしたのだ。

わたしも、このわたしも、もうじきどこかへ連れていかれちゃうの？

ドランシーには三週間いた。ここではまたあの黄色い星をつけさせられていた。つけなければ、懲罰用の独房に入れられる。

それと、自分で白い札に「ユダヤ人の友」と書かされ、つけさせられていた人たち……。

ありがとう、ユダヤ人の友たち。

それでもわたしは運がいいんだ——そう気がついたのは、ここでの苦しみのなかでだった。

戦時国際法のジュネーヴ条約のおかげで、戦争捕虜となったフランス人兵士の妻と子どもは、「人質」としてフランスに留め置かれたからだ。

だからパパ、パパが救ってくれたんです。行く手になにが待ちかまえているのか、まだなにもわかっていなかった「大挙出発」(**)から、わたしたちを。

戦争捕虜になったことで、フランス人という国籍を剥奪されていなかったパパが、ただの「ユダヤ人」にされてしまったママとわたしを、救ってくれたのよ。

でも「ユダヤ人」だから何なのか、わたしにはわからないままだった。それで毎日くり返し聞いていた。

「ママ、どうして？　ママ、どうして？　ねえママ、わけを教えて……」

ピチヴィエ

まにあわせの小屋がたくさん建っていた。憲兵もたくさんいた。

着くなり、四つ葉のクローバーを見つけた。もしかしたら幸運のしるし？

ここでの生活のことは、ほとんどおぼえていない。たしか二、三週間いたのだと思う。

そう、親せきのモーリスおじさんに再会したっけ（これもユダヤ人とはわからない名前だから、とても想像できなかった、おじさんもつかまってしまうなんて……）。

ひとつだけよくおぼえているのは、それも強烈におぼえているのは、東方に移送されかけたこと。

訳注（＊＊）囚人たちには知らされていなかったが、アウシュヴィッツなど東方の収容所への移送だった。

そうそう、わたしたちはマドロン・ラングさんというおばさんと、その息子の小さな男の子、ピエールと仲よくなっていた。ラングさんのだんなさんも、戦争捕虜になっていたのだ。

わたしたち四人は、東方へ送られはしないことになっている。戦争捕虜の家族だから、特別待遇を受けられる。

ところがある朝の点呼で、わたしの名前が移送者の名簿にあった。

「まちがいです」ママは憲兵にうったえた。

「なあに、かまわん！　身体検査を受けさせてから、連れもどせばいい」

だめよ、それはむり、身体検査を受けたらおしまい、もうあともどりできずに、持ちものをなにもかもとられて不安になっている人たちの群れに押しこまれ、ふたつの柵のあいだをよろよろ蛇行しながら、家畜用の貨車まで歩かされることになる。

だから、一刻を争う事態となった。

早朝、殺気だつ騒がしい大収容所で、荷物やかばんや藁があちこちに散らばり、若い人たち、お年よりたち、病人、赤ちゃん、鎮静剤を飲んだけれどけっきょく担架で連れていかれる人たちなどでごったがえして、みんな押しあいへしあい、ぶつかりあっているなかで、わたしたちは必死だった。

移送の列車が出る前に、名簿のこのまちがいを、なんとか正してもらわなくては。

不意にママが、親切そうな憲兵に目をとめた。

「あの、シャルル・シュトレイフ憲兵隊長をご存じですか？」

「ええ、一九××年に指揮下にいましたが」

「私、義理の娘です。この子を助けてください」

その日の夕方、わたしたちはもうぐったりしてなにも考えることができず、二千人ほどもの人々が強制的に連れていかれて、荒れはて、よごれたただっ広い収容所を、ぼう然とさまよい歩いていた。

身体検査の小屋のあたりでは、そろいの黒シャツを着たチンピラたちが、まだぶらぶらしていた。ジョゼフ・ダルナンという右翼が率いる「フランス民兵団」のもと、ナチスに協力している連中だ。同じフランス人なのに、まだ二十歳になるかならないかの男の子たちなのに、ああ、たまらない！　気分が悪くなる、あいつらは一日じゅう、移送される人たちをくまなく調べ、持ちものを取りあげ、暴力をふるっていたのだ。

小屋のなかには、「行ってしまった人たち」が最後まで、胸に抱いていた破れた写真や、ハンカチやおもちゃが、散らばっていた。

ああ！　家畜用の貨車での移送……。閉めきられた扉にも窓にも鉛が張ってあって、まっ暗ななか、行き先もわからず、肥だめ用の桶はあふれ、人々は衰弱していき、たおれ、ののしり、うめく……。

引きこみ線での待ち時間は、永遠に終わらないかと思うほど長くて、兵士たちの重いブーツの足音や話し声、犬の鳴き声ばかりが響きつづける。

たった五十キロ移動するのに、三日も四日もかかる。

空腹。のどの渇き。

ママ、守ってね。ママ、わたし暑い。ママ、わたし寒い。

ママ、わたしはきたないユダヤ人のゴミなの？

ボーヌ＝ラ＝ロランド――パリの南、水の都モンタルジの近く

着いてみると、ここに収容されていた人たちも、みんないなくなっていた。まず親たちが、つづいて子どもたちが移送されたらしい。

はじめのころは、収容所にマドロンさんと息子、ママとわたししかいなかった。それで全員。

そのあとも、人数がとても少なかったので、男も女もいっしょの小屋へ入れられた。あいだに一枚、仕切りの板があっただけ。

くる日もくる日も、マドロンさんとママは、大勢の子どもたちが吐いたりよごしたりしたマットや掛けぶとんを、手が切れそうなほどつめたい水であらわされた。ママたちを軽べつしきっている看護婦がふたり、命令したり見張ったりしていて、ちゃんと働いたとみなせば、あまい香りのハーブやハチミツ入りのライ麦パンをひと切れ、

くれる。

でもまもなく、ふたりともボーヌ＝ラ＝ロランドをはなれた。

一九四二年十二月三十一日、午前零時を過ぎると、男の人たちが仕切りの板をコンコンとノックして、「あけましておめでとう」と声をかけてくれた。

みんなが笑って、板のむこう側とこちら側で、いっしょに歌をうたった。

ボーヌ＝ラ＝ロランドにて　一九四三年一月一日

「クリストフさん、[1]私たちの深く熱い連帯の気持ちのあかしとして、このプレゼントを贈ります。ささやかなものですが、どうぞお受けとりください。[2]

あなたがいつもしめしてくださる献身に、私たちがどれほど胸を打たれているか、その感謝の思いを、この贈りものがずっと伝えつづけてくれますように。このような人生の苦難において、試練の日々が続くなか、あなたの無私無欲や自己犠牲が、どうか報われて、この一年がおだやかで実りあるものとなりますように。捕虜になられたいとしい方が、もうじき帰っていらして、ふたたびご家族がそろい、あたたかな平和がおとずれますように。

宿舎十六号の二　あなたの「下宿人」全員より(3)」

収容所での生活にも、すこしずつ秩序ができていった……。でも同時に、宿舎は人でいっぱいになった。

わたしはまた小さな女の子にもどることができた。戦争がはじまる前のことはほとんどわすれてしまっていたし（開戦のとき、わたしは六歳だった）、それからはいつも、日増しに強くなる恐怖につきまとわれていたけれど、ここボーヌ＝ラ＝ロランドでの「落ち着いた毎日」のおかげで、心の安定をとりもどすことができたのだ。

原注（1）　ママは宿舎長になっていた。

（2）　プレゼントは鉢植えの花だった。

（3）　この手紙には六十人の署名があって、国際赤十字のおねえさん、ロランさんが持ってきてくれた。外でプレゼントを買ってくれたのもロランさんで、「ご多幸を心からお祈りして」とつけくわえてくれた。そう祈ってくれた六十人の女の人たちのうち、生き残ったのは、わずか六人だけだった。

もちろん、わたしたちは鉄条網にかこまれていたし、監視台からは武器を持った兵士たちが見張っていたけれど、わたしがこわくてたまらなかった犬のことも、東方への移送の話も、しばらくはどこからも聞こえてこなかった。

それにここでの看守たちは、フランスの南東部出身の税務署のお役人たちで、意に反してこんな仕事をさせられていて、そもそも気だてがよく、南仏なまりの歌うようなフランス語で話して、わたしたちにできるだけのことをしてくれた。

そのうちのひとりなど、大きな危険をおかして、リンゴをたくさん布の袋に入れてわたしに持ってきてくれた。

でもひとり、きらいな人もいた。ママに言い寄っていたのだ。でもパパとママは、フランス共和国憲法第一条みたいに「ひとつにして不可分」、分けることなどできはしない。

それでその看守はいきりたって、ある日の持ちもの検査のとき（どの収容所でも定期的に、同様におこなわれ、年中行事のようになっていた）、くやしまぎれにわたしたちのかばんを引っくり返し、なにもかもはね飛ばし、片っぱしから服の折りかえし部分を破いていった。

この一件をわたしが見ていたことも、それでますますママを好きになったことも、ママ自身は気がついていなかったけれど。

ママは宿舎長に任命され、収容されている人たちの世話をする立場になったため、近くにいたわたしは、赤ちゃんがどんなふうに生まれてくるのか知った。

「配給のあまりを」「女手を倍にして」ママは大声で指示していた。

はじめて裸の男の人も見た。開いたままだったドアから。ちょっと息が止まりそうになった。新しく仲よくなった同い年のオデットといっしょだった。

オデットはおねえさんとおかあさんとともに、ここへ入れられていた。おかあさんの名前は、イーダ・イトルソン。

オデットとわたしはふたりとも、まるで巨人みたいに大きく見えたやさしい男の人と、その人といつもいっしょにいる、同じようにとても体の大きな元憲兵（ヴィシー政権によって憲兵をやめさせられていた）が、大好きだった。

巨人みたいな人は、丸刈りの頭のことも「ほら、こうしてれば、ぜったいハゲたりしないよなあ！」と笑わせてくれたりする。ルニ・パパ、とわたしたちはよんでいた。

「でもほんとはルニじゃなくて、レニっていうらしいよ」

ある日わたしがそう話すと、ママは青ざめた。正確には「レニ」ではなく、ユダヤ人によくある「レヴィ」という名前だったがそれをかくし、人ちがいということで彼を釈放してもらおうという動きがあったのだ。

そうこうするあいだも、ルニ・パパはほんとうのパパのように、わたしたちの心をあたため、晴れやかにしてくれた。オデットのおとうさんは、強制収容所に連れていかれていたし、わたしのパパは捕虜になっていたから……。

同じ宿舎には、モンテフィオールさんというすてきなおばあさんもいて、この状況をユーモアと貴婦人らしい人生観でとらえていた。

ママにささげられたモンテフィオールさんの詩

宿舎十六号

一九四三年元日のごあいさつ

ひざが痛かったり

シラミがわいたり　いいえ、なにもなくても私たちはクリストフさんを探すのです！
頭痛でも　ふさぎの虫でも
おしろいやほお紅がいるときにも
糸や端切れが　ちょっとほしいときにも。
すると　開いてくれます、このあつかましい姉妹たちのために
小さなかばんと大きな心を。
争いも　終わらせてくれるのです。
その手に持つのは　王の杖ならぬ小さなほうき
それは　嘆かわしくも　よく行方知れずになるけれど、
反抗的な民のあいだで。
ポールやらジョゼフといった男たちと同じように
ゴミ箱を空にし　おたまをいっぱいにし
消灯時間にはみんなを静かにさせ
きっぱりと命じることができるうえ
ピアノの鍵盤に指をしなやかに走らせ

看守たちの口もとには　ほほえみをもたらすことができるのです。
リーダーの立場のままで。
ときにはそのやさしさに　あまえすぎて
むちや棍棒のひと振りが飛んできても　おかしくはないけれど
そんなときは　あやまりましょう。
そしてみんなで声をあわせて　こう叫びましょう。
「ばんざい！　われらの宿舎長」

同じ宿舎にはまた、小さな女の子がふたりいる若いおかあさんがいた。女の子たちには、収容所の衛生状態のせいでウジ虫がわいてしまったので、毎晩おかあさんが、女の子たちのおしりを出してひざに乗せ、虫を取ってやっていた。

その光景がめずらしくて、わたしはあきずに見ていた。

べつの宿舎には、むかし帽子デザイナーだった独身のおばあさんがいて、わたしたちに「小包の包み紙は取っておきなさいね」と言っていた。そしてそれで、ひとりひとりにちがうデザインの、独創的でみごとなつば広帽子を作ってくれたのだ。

季節がよくなるとすぐに、わたしたちはみんな、喜び勇んでそれぞれの帽子をかぶった。

おばあちゃんから、飯合炊(はんごうすい)さん用のアルミの器(うつわ)が送られてきた。ずっと、ラ・ロシュフーコーで手に入れたグリーンピースのあき缶(かん)を食器がわりにしていたけど、ちゃんとした器から食べられるというのは、なんて気持ちがいいのだろう!

それに収容所のすみの、トイレの小屋のうらには、サラダにできるタンポポと、野生のサンチュがはえているのを見つけたのだ。

「すごいわ。これで毎日の食事がすこしよくなるわね」

収容所のきまりでは、やはり黄色い星をつけなくてはいけなかったけど、当局から送られてこなくて、けっきょく、うすい綿(めん)の包帯用生地とペンキが配られた。わたしたちは星の形の型紙を使って、自分で色をぬった。

ボーヌ＝ラ＝ロランド——。とても正常(せいじょう)とは言えなくなってしまった子ども時代の、わたし自身の世界のなかで、この名はいまも、休息や、やすらぎや、夏休みのようなイメージをかもし出す。

ようするに、ボーヌ＝ラ＝ロランドでの日々は「いい時期」だったのだ！

ほんとうのいい時期というものが、もうわからなくなってしまってはいたけど、ここでわたしはのびのび成長し、飛びはね、これが人生なのだろうと思うものを見つめ、両親のいない小さな子どもたち何人かの保護者にもなった。

勉強もした。ジュフロワ通りの公立小学校の校長先生が、どうしてそんなことができたのかわからないが、とにかくわたしに教科書を送ってくださったのだ。

ありがとうございました、ペラン先生。

モンマルトルのラ・シガール劇場で支配人をしていたマックス・ヴィテルボさんが、昼のお楽しみ会を企画してくれて、その出しものの練習にも夢中で取り組んだ。

みんながそれぞれに才能を発揮した。とくに、「今宵わたしひとり夢を抱いて」が大ヒットしていた歌手のマルグリット・ソラルさんの印象はあざやかで、いまもわすれられない。

ある女の子が、オーヴェルニュ地方の二拍子のダンス、ブーレを踊ることになっていたのだが、わたしもひとりで舞台に出たかったので、「わたしが『本物の』ブーレを踊ります」と手をあげて、食いさがった。

ヴィテルボさんによる紹介が響く――。

「つぎはフランシーヌ・クリストフさん、『独自の』解釈によるオーヴェルニュ地方のブーレです」

それでもわたしは、とても楽しかった。みんな拍手してくれた。

このときボーヌのテーブルの上で踊ったことで、わたしの生涯の夢が決まったのだと思う。それは、舞台女優になること――。

ヴィテルボさんもソラルさんも、わたしの「観客のみなさん」も、楽しんでくれてよかった。ただ、わたしは自らの運命を知らない囚人たちの前で踊ったのだ。このあと、みんな死んでしまうことになったのだから……。

でも、だれもまだそれを知らなかった。

ボーヌ＝ラ＝ロランド収容所での生活は、それなりに安定してきた。

おばあちゃんからは、アルミの器のあともよく小包がとどくようになった（ほんとうにどうやっていたんだろう？）。

だんなさんや奥さんがアーリア人で、引きはなされて収容された人たちは、柵ごしだったけれど、それぞれの伴侶に面会できるようになった。

ママは、あいかわらずスープを配ったりパンを切ったりしていた。使うのは、出発前におばあちゃんにもらった食器セットから持ってきた「お守りナイフ」。ナイフはすりへってきていた。

そしてこのころ、ようやく外のことがすこし伝わってきた。

まず、パパが捕虜収容所から、あらゆる手段でママとわたしを釈放させようとしてくれていたこと。それでヴィシー政権での、戦争捕虜代理人でもあったスカピーニ大使が、力になると約束してくださったという。

大使は目が不自由でいらした！　それでかえって、収容所で起きていることが見えたのかもしれない。

ほかにもたくさんの人が、わたしたちのために走りまわってくれていた。もしそうした人たちの働きかけがぜんぶ成功していたら、ママとわたしは、すくなくとも十回は釈放されただろうに……！

シャルルおじさんも動いてくれた。わたしたちがつかまったと聞いたとたん、ヴィシーのペタン元帥のもとに出かけ、会ってくれたのだ。元帥とおじさんは、むかしからの知り合いだった。

おじさんが元帥室に入っていくと、元帥はすわったまま、母の日のポスター案を何枚も見ていたそうだ。

おじさんは話しかけ、説明し、語った。元帥は身じろぎもしなかったという。そこで、じゅうぶん事情を話したあとに、おじさんは机の上のポスター案を指しながら言った。

「いまお話したのも、母と子どもの問題なのです」

フィリップ・ペタンが顔をあげた。

「ふん！　ユダヤ人だろ……」

それでわたしたちは釈放されなかった。(1)


とはいえ、ここでわたしはそれなりに元気だった。ほぼお腹いっぱい食べ、オデットと遊び、トイレの小屋の裏ではタンポポをつんで、ここでの暮らしの「ベテラン」

原注（1）　戦後、シャルルおじさんはこの話をしてくれながら、なおも怒りでふるえたものだ。

になっていった。

いとこのピエール・ノールマンもこの収容所にやってきた。背がみごとに高く、髪はきれいな金色で、ほんとうに美男子の二十歳。ムートンの裏つきジャケットを着ていて、ド・ゴール将軍のもとへ行こうとしていたが、スペイン国境でつかまったという。

わたしは頭にシラミがわいて、皮膚炎になってしまったため、男の子みたいに短く髪を切られた。

いやだった。

ママは、首が円柱みたいにむくみだした。生理も止まってしまった。ここの女の人たちはみんな止まっていたけれど。でもわたしには、まだ関係ない話だった。

それからママは、急性の赤痢にかかった。収容所でひとりめだった……。

そんなときにもママは、世界的な人気歌手、モーリス・シュヴァリエの明るいゆったりした歌を、毎朝口ずさんでいた。自分をはげますように……。

人生、くよくよするもんじゃない。

ぼくは　くよくよしたりしない。
いまのちっぽけな苦しみなんか
やがてそのうち過ぎていく。
そして　すべてがうまくいく。
性分じゃないのさ
心配するのは。
人は　苦しむために
この世にいるわけじゃない。
だからぼくは　くよくよしたりしない……！

収容所にはつぎつぎ人がやってきて、あふれそうなほどになった……。

庶民もいれば資本家もいて、これだけでりっぱなひとつの社会だ。

銀行家のクリスチャン・ラザールさん（奥さんはカトリック教徒だった）や、有名な精神科医のジョゼフ・レヴィ＝ヴァレンジ先生とも知りあった。ラザールさんは心の広い、いい人で、ゴルフ用のニッカーボッカーにハンチングをかぶって、すらりとしていた。

ヴァレンジ先生は、トレードマークの口ひげをたくわえ、明るくにこやかで親しみやすかった。

ママの仕事は看護婦に変わり、わたしたちは診療所に住みこむことになった。

ひとり、気が変になったふりをしている若者がいた。小がらな農家の男の人だった。

そうそう！　診療所には、心身をおだやかにするという菩提樹の葉と花を乾燥させたものがあったので、ちょっと失敬してこまかくくだき、それを小包でとどいたトイレットペーパーを使って巻いて、たばこを作ったことがあった。

それからトイレの小屋の裏で、オデットとうっとり吸ったのだった。人生初のたばこを！

ある朝、起きたら顔がマルメロの実のように、まっ黄色になっていたこともあった。黄だんが出たのだ。

ママとわたしは、べつの診療所に移った。ママがそこを取りしきった。

ロジータという名前で詩を書いていた女の人も、気が変になったふりをした。銀行家のフィナリさんという人の妹で、公証人が救急車で迎えにきた。

とっても好きだったのは、いたずらっぽく目をきらきらさせる小がらなお医者さん、ハース先生と、薬剤師のレヴィ＝バリュシュさん。(1) ふたりはなんといいコンビだったことだろう。

ジョルジュ・ノールマンさんもやさしい人で、わたしは夜の消灯の前にまとわりついては、背中の上で体操させてもらったりした。ノールマンさんは、しんぼう強く相手をしてくれた。

お仕事は顧問弁護士、わたしの家族の遠縁にあたり、アーリア人の奥さんが外の世界で、ノールマンさん釈放のために走りまわっていた。

原注（1）奥さんはマドレーヌさんといって、若くして亡くなったが、このころはパリのデュフォー通りで薬局をひとりで守っており、アーリア人のナチス協力者をよそおって、ドイツ人の客たちからさかんに情報を得ていた。だがほんとうはレジスタンス運動の一員で、わたしのおばあちゃんと同じ組織にいたのだ。事実上の終戦となったパリ解放の日、おばあちゃんはマドレーヌさんのもとに駆けつけて、こう言ったという。「フランス国旗のかわりに、国旗と同じ三色の腕章をすぐにつけて。近所の人たちはあなたをほんとうのナチス協力者だと思ってるから、頭をそりにくるわよ！」

ボーヌ＝ラ＝ロランド　一九四三年二月

小さなお友だち、フランシーヌに　――片方なくした手ぶくろによせて

どこで　どうして　いつ
夢みがちだから　ひとつもおぼえていなくて
収容所にいるフランシーヌは
茶色い毛糸の小さな手ぶくろを　片方なくしたのです。
教室で？　事務室で？
診療所？　それとも食堂？
茶色いフェレットみたいに　さっと消えたのです
フランシーヌの毛糸の手ぶくろが。

相棒の右手がいなくなって
左手の手ぶくろは悲しみのあまり　ほつれてしまいました。
だから　寒くても　いま
フランシーヌは両手をポケットにつっこんでいるだけ。
でも　いつの日か　それがいつかはわからないけれど
手品みたいに　まぐれみたいに
収容所のどこか片すみで　フランシーヌは
なくした毛糸の手ぶくろを　きっと見つけることでしょう。

ジャンヌ・モンテフィオール　通称おばあちゃま

そう、鉄条網があった。監視塔もあった。でもわたしは、そのむこうのリンゴの木々を見ていた。

ほんとに、ここではなにもかもうまくいっていた。「ほかの収容所への移送」ということばが、わたしの耳にくり返し響くようになるまでは。

オデット・イトルソンさんとおかあさんにおねえさん、ルニ・パパと元憲兵のお友だち[1]、ヴィテルボさん、マルグリット・ソラルさん、銀行家のラザールさん、ハース先生、レヴィ＝バリュシュさん、モンテフィオールさん、ピエール・ノールマン、みんな、みんなだ。みんなが「移送」されていった。

そしてその行き先がどこなのかは、わからなかった。

時が流れたいまでさえ、記憶の底をさぐってみても、なにも思いうかんでこない。

あの人たちはみんな、わたしの人生から、ふっと消えてしまった。

そしてわたしは、ママの顔にしわができているのに気づいたのだった。

外のようすについては、もうひとつわかったことがあった。ドイツ軍がトラックでパリの家に押しかけてきて、家に残っていたものをぜんぶ持っていったということ……。かくしたり避難させたりすることのできなかったものを、ぜんぶ。きれいさっぱり持っていったらしい。というのも、こういうとき連中は、電球のソケットから電気のスイッチ、ドアにきちんと取りつけてある名前などのプレートまで、根こそぎ持っていくのだから！

わたしのお人形用のベビーカーも、持っていかれてしまった。アルフレッド大おじさんからの最後のプレゼントだったのに。その後大おじさんは、もうプレゼントなどできなくなってしまったから……。

向かいの歩道に町の人たちが集まって、わが家の略奪を見物しているのを、ひとりのドイツ兵が目にとめたそうだ。そしてからかうように、わたしのお人形で、小さな女の子みたいに遊んでみせたという[2]。

わたしの頭は、答えのない問いではちきれそうになった。それで国際赤十字のロランさんに話してみた。

すこし元気が出た。

ロランさんは変わらずピチヴィエにいたのだけど、疲れた顔ひとつ見せず、いつもくちびるに笑みをうかべて、行ったり来たりしてくれた。外の人々との伝言係をつとめ、局どめ郵便の配達人もし、具合の悪くなった人がいれば救急隊員にもなって、自

原注（1）この人の名前は名簿にのっていなかったのだが、ルニさんとはなれたくないと言って、いっしょに行ってしまった。

（2）家の管理人さんと、食料品店のポールおばさんが伝えてくれた。

由な世界とわたしたちを結ぶ命づなになってくれた。
同じように国際赤十字のモノドさんも、やってきては力をかしてくれた。

当時、ナチス・ドイツには土木事業をおこなうトート機関という組織があって、イギリスからの攻撃にそなえ、ノルウェーからフランス西部にかけて「大西洋の壁」を造るという大規模な工事を進めていた。(＊)収容所でも、アーリア人の奥さんがいる男の人たちは、その工事のために西へ移送された。

そのころ流行っていたユーモラスな歌（「海の底で魚たちはすわっている」(＊＊)）をもとに、わたしはこんな替え歌を作った。十歳のときだ。

一番

この県には
収容所がある（くり返し）
あわれなユダヤ人の収容所
みんな生きてるというより死んでるみたい（くり返し）

あっはっはっ！
やあ、ボーヌ＝ラ＝ロランドの収容所
やあ、あわれなさまよえるユダヤ人の収容所
トゥラ・ラ・ラ・ラ、ラ・ラ・ラ・ラ、トゥラ・ラ・ラ・ラ・ラ・ラ

リフレイン（くり返し）

二番

毎日正午、スープを飲みほす
スープを飲みほす
みんな急いで駆けつける
ラッパも太鼓も鳴らないけれど（くり返し）

訳注（＊）この事業のためには、一般のドイツ人も強制労働にかりだされた。一九三八年から一九四三年ごろにかけて、百七十五万人以上のドイツ人が働かされたという。

（＊＊）もとの歌はつぎのようにはじまる。

「海の底で
魚たちはすわっている（くり返し）
あっはっはっ！
しんぼう強く　待っているのさ
漁師たちが行ってしまうのを（くり返し）
あっはっはっ！」

三番

あっはっはっ！
毎日午後五時、点呼（てんこ）がはじまる
点呼がはじまる
がっちり武装（ぶそう）した憲兵（けんぺい）たちが
わたしたちを数えにくる（くり返し）

四番

あっはっはっ！
収容所（しゅうようじょ）のすみっこに　トイレがある
トイレがある
行くとそこは　ものすごくくさい
ものすごくくさい
あっはっはっ！
やあ、ボーヌ＝ラ＝ロランドの収容所
やあ、あわれなさまよえるユダヤ人の収容所
トゥラ・ラ・ラ・ラ、ラ・ラ・ラ、トゥラ・ラ・ラ・ラ・ラ

それからまた、ママとわたしは、鉛が打ちつけてある家畜用の貨車に押しこめられた。あふれそうな肥だめ用の桶、何びきもの犬に何丁もの銃、点呼、叫び声……。

ボーヌ＝ラ＝ロランドからボビニーの駅まで、ほんの百キロから百五十キロぐらいの距離なのに、まる一日かかった。着いたのは、ふたたびドランシー。中庭での登録がすむと、「ブロック」にグループ分けされた。

ラ・ロシュフーコー

アングレーム

ポワチエ

ドランシー

ピチヴィエ

ボーヌ＝ラ＝ロランド

つかまってから一年のあいだに、わたしはこれら六か所もの収容所や刑務所を、転々としたのだった。

二度めのドランシー

地獄のドランシー、収容者でいっぱいのドランシー、騒音だらけのドランシー、シラミだらけのドランシー、いやがらせをされるドランシー。

着いたばかりのわたしたちは、型紙と黄色いペンキで手作りした星をつけていたが、前からいる人たちがそれを見て、はずしに飛んでくると、かわりに黒い太字で「ユダヤ人」と印刷されている本物の星を配った。

ここでは本物の星をつけていないと、独房行きの罰を受けるおそれがあるから。

秩序正しいドランシー。

どんなものにも決められた場所があり、どの場所にも決められたものがある。

月日とともに、ドランシーはますます模範的な、外の人々に感心してもらうための収容所に、言いかえるなら、整然とした犬小屋になっていて、バケツで大量にまかれるガラスくずのにおいがしていた（もうわたしはこのにおいに耐えられない）。

ドランシーにもどってから一か月後、ボーヌ＝ラ＝ロランド収容所が閉鎖された。それで、よくわたしの相手をしてくれたジョルジュ・ノールマンさんも移送されてきた。

またあのあたたかな笑顔を見ることができて、わたしはうれしかった。

それなのに……。

ノルマンディーのむこうのイギリス海峡に、オルダニー島という小さな島があり、そこに労働収容所ができて、男の人たちがたくさん送られていった。みんな、「オルダニー徒刑場」と言っていた。

そこへノールマンさんも送られてしまったのだ。ヴァレンジ先生も。

ドイツ人たちは先生に、あのトレードマークのひげをそれと命令したという。

ヴァレンジ先生ほど魅力的で感じがよくて、女の人にもやさしいジェントルマンはいなかった。そんな先生に、ほんとうならドイツ人のやつらなんか勝てっこないのに。

今回、子どもは百人ほどいた。前によく見た子どもたちの一群は、もういなくなっていた。外国籍のユダヤ人の子どもは、みんな連れていかれてしまったのだ……！

わたしの場合は、つかまったときに親といっしょだったので、その後もいっしょにいる権利があった。大移送のときでさえ。

点呼とスープのあいだの時間には、ファニア・ペルラさんというきれいなおねえさんが、わたしたち子どもを集めて楽しませてくれた。たっぷりした褐色の髪をみつあみにして、冠みたいにぐるりと頭にまきつけたヘアスタイルで、なんでもできたから、アイムさんの三姉妹といっしょに、踊りやお芝居などいろいろな会を開いてくれた。

アイム三姉妹は、だいたい十八歳、十五歳、十歳ぐらいで、もとは全員、子ども向けの作品を上演するル・プチモンド劇場の踊り手や女優だったそうだ。

背景を作って人物画みたいにじっとポーズをとる「活人画」の会で、わたしはギィという男子と組んだ。

ああ！　ハンサムなギィ。金髪と、自然なカールの黒いまつ毛にふちどられた青い目に、わたしは心をうばわれた。年は二歳上。わたしの初恋だ。

わたしたちは見つめあいながら、優美なボッケリーニ(*)のメヌエットを踊った。

それが、ある日の大移送で、引きはなされた。

ある日の朝早く、移送用にふりかえられたあのパリ交通局のバスにつめこまれて、ギィは行ってしまった。

その朝から、わたしはもうボッケリーニのメヌエットを踊れなくなった。

わたしたちは、ボーイスカウトやガールスカウトのようなスカウト運動をはじめた。歌をうたい、「掟」と「誓い」をのべて、「日々の善行」をおこなう。「日々の善行」では、たとえばおばあさんがトイレに行くのにつきそったり、病気の人にスープを持っていったり、赤ちゃんの世話を手伝ったり、自分よりやせている人にパンをすこし分けてあげたりする。

わたしたちは、いつも小さな中庭に集まっていた。わたしが入れられていたブロックの裏手にあたり、土は粘土質だったから、それをこねては日に干して、小物類をい

訳注(＊)(一七四三—一八〇五)イタリアの作曲家、チェロ奏者。弦楽五重奏曲ホ長調G二七五の第三楽章が「ボッケリーニのメヌエット」として有名。

ろいろ作った。

ほんの百メートル先には、自由な世界が見えていた……！

ところがしばらくすると、その中庭は立ち入り禁止になってしまった。

外からのぞかれるし、話をするなど外との接触のおそれもあるから。

憲兵が収容者に発砲する事件がおきたから。

脱走のおそれがあるから。

脱走といえば！　ちょうどわたしたちがドランシーに着いた日に、大がかりな脱走計画が発覚していた。若い男の人たちが集団で、苦心してトンネルをほっていたのだ。

その人たちは、トンネルをうめもどさせられ、そのあと移送された[1]。

そしてわたしは、死んだ人をはじめて見た。外階段の下で、首をつっていた。わたしは走って中へ逃げた。死んだあわれな男の人は、硬直して、おぞましい姿だった。

ショックでわたしも、ほとんど同じぐらい硬直した。

死ぬ人はどんどん増えていた。病気で。つかまったときの乱暴な扱いや、尋問のときの拷問が原因で。精神的な衰弱で。そして、移送されるぐらいならと死ぬことを選んだ自殺で。

婚約していたあるカップルは、静脈を切って四階の窓から身を投げた。

その数分後に、わたしはそこを通ってしまった。地面にはまだ血が流れていた。

移送――それは、なぞにつつまれたことばだったのだ。

よそへの移送って、どういうこと？　わたしたちはあれこれ考えた。

収容者を再編成するんだろう、と言う人たちもいた。または労働収容所なのでは、と。

「いやな予感がする」と言う人たちもいた。

それはほんとうに、ここよりおそろしいところなんだろうか？　すぐ目の前に自由な世界が広がっているのに、窓はふさがれてペンキでぬりこめられ、気分が悪くなるような部屋につめこまれて、世捨て人みたいな生活をしているいまより、さらにひどくなるんだろうか？

病人も赤ちゃんも妊婦さんもお年よりたちも、引きはなされたカップルやバラバラにされた家族たちも、みんないっしょくたにされているこの雑居状態より、ひどくな

原注（1）　移送されるとちゅうで、彼らは列車から脱走した。そのうちのひとりは、片足をうしなったそうだ。

るんだろうか？
もっといやがらせをされて、もっと物がなくて、もっとシラミがいて、もっとなぐられるんだろうか？

わたしたちは「特別待遇者」用の第二ブロックにいたが、だんだんその人数はふくらんでいった。捕虜の妻と子どもたちという点では同じだったが、階層も出身もほんとうにいろいろだった。

資本家の家族、中産階級の、一般市民の家族。

弁護士の奥さんたち、お医者さんの、知識人の、ご商売の、職人さんの、労働者の奥さんたち。

「『よくない変わった仕事』をしていた女の人もいるらしいよ」と、わたしは友人たちから聞いた。

いずれにしても、みんな夫のおかげでこのブロックにいられたのだ。夫が将校でも、ひらの兵士でも。

ところがそのうち、夫が捕虜ではなく、よその強制収容所にいたり、かくれたりレジスタンス運動をおこなっていたり、殺されたりしていても、手紙や書類を偽造し、勇気と冷静さからここにもぐりこんで、移送をのがれようとする人たちが混じりはじめた。

レジスタンス運動で逮捕された女の人たちは、ユダヤ人とわかると、わたしたちのところへ送られてきた。そのうちのひとりはまさに、レジスタンス運動家を投獄していたモンリュック監獄からきたのだ。

彼女が逮捕されたとき、流行っていた歌の替え歌として書いた詩の一部を、わたしはいまもおぼえている。

わたしは家から引ったてられた
だれもがそうだったけど
なんの理由もなしに
だれもがそうだったけど
わたしは荷物を調べられた

それはわかりきっていたけど
わたしはバッグを取りあげられた
それはわかりきっていたけど
ああ神さま　なんとおそろしい目にあわされただろう
ナチス秘密国家警察（ゲシュタポ）でのあの晩は
それはわかりきっていたけど！

おかしなことに、この二度めのドランシーで、わたしは自分の年をわすれてしまった。とても年をとったような気もしたし、とても子どものような気もした。

子どもだと感じたのは、小さなジョゼットのおかゆの食べ残しを食べてしまうとき。自分を子どもだと感じたし、とにかくひもじかった。

ジョゼットはつかまったとき、まだ生後四か月か五か月だったのだと思う。死んでしまいそうな状態から、三度も助けられた。そのうち一度は、奇跡的に外から酸素ボンベがもたらされて救われたのだ。

金髪でバラ色の肌をして、か弱く、きれいで繊細なお人形のようだったジョゼット。

食べるのも、ほんのちょっとだけ。でもわたしの胃袋は食欲おうせいで、あまり食べないジョゼットの食べ残しを、いつおかあさんのオデット・ヴェイユさんがくれるかと、じりじりしながら待っていた。

オデットさんは、フランス北東部の美しいアールヌーヴォーの街、ナンシー出身だった。

一方、パリのカルディネ通りでの、もとの暮らしを考えると、とても年をとったような気がした。とはいえ、それについては、どんどん考えなくなっていった。

わたしは同い年の女の子、ミリアム・ボールとなかよくなった。背が高くてきれいで、ご家族もみんな教養があった。

ミリアムには兄弟が何人もいて、わたしはそれがうらやましかった。おとうさんもここでいっしょに暮らしていて、それはもっとうらやましかった。

ボールさん一家はとても信心深く、わたしもユダヤ教(*)のことを教えてもらって、すばらしいと思った。でも続かなかった。わたしには信仰心がないらしい。

ミリアムはおかあさんの誕生日に、中庭で集めた粘土質の土をかわかして、ハート形の置きものを作った。わたしは同じ土で、ユダヤ教の神さまが守るべきことをきざんでモーゼ(**)にわたしたという「律法の石板」を作って、プレゼントした。

わたしには役者の資質があったのか、ミリアムがおとうさんの話をすると、悲しそうなふりをした。自分は父親と遠くはなれていたから。

でもほんとうは、このころはパパがいなくてもさびしくなかったし、ママも、ここでの仕事で毎日朝から晩までいなかったけれど、平気だった。

すこしずつわたしは、からっぽのお腹のことばかり考えている動物になりかけていた。

さあ、フランシーヌ、がんばらないとだめ。さもないと、ドイツ人のやつらに負けたことになる。

ミリアムは、「有力者」たちが入る第三ブロックにいた。みんなにうらやましがられる人たちだ。

しかも広い部屋に行くために通るバルコニーからは、「自由」が見えた！

そこではときどき身ぶり手ぶりで、自由な世界とやりとりもしていた!!

わたしのもうひとりの友だちも、そこに住んでいた。ダニエルさんの一家で、子どもは三人、おとうさんはユダヤ教会堂で儀式の進行を受けもっていた。

そう、ユダヤ教会堂だ。

なぜなら、ドランシーは模範的な収容所になって、たくさんの人たちに訪ねてきてもらい、感心してもらわなくてはならなかったから！

移住していくユダヤ教徒たちが一時待機し、「再編成」される場であるドランシーには、ユダヤ教会堂がなくてはならないというわけだ。


訳注（＊）古代の中近東ではじまった、世界でいちばん古い宗教。ただひとりの神ヤハウェを信じ、ユダヤ人は神に選ばれた存在と考える。国籍や人種がちがっても、この宗教を信じる人、さらにはこの宗教を信じる親をもつ人が「ユダヤ人」とされる。イエスを救い主とみとめない点などでキリスト教と対立。

（＊＊）古代イスラエル民族とその宗教の基礎を打ち立てたと伝えられる指導者。神ヤハウェとの「契約」により、人々が守るべき十か条の掟「十戒」をはじめとした「律法」を授けられたとされる。

教会堂の師は、若く活動的で、進歩的な新しい考えにあふれていた（もとはリヨンの大祭司だったそうだ）。そしてわたしたちに宗教の話をし、神をたたえる歌を習わせ、人間への敬意と善良さというものを教えようとした。

あごひげをたくわえ、いつもにこやかだったこの師のことは、いまも輝くような思い出として残っている。

だがこの師のひげも、ドイツ人たちはそらせたのだ。ユダヤ教の教えにそむかせるかのように。

（わたしはある日、この師に、神さまはわたしたちがここにいるのをご存じなのでしょうかとたずねた。でも答えを聞く前に、わたしは逃げだした）

ママは、前のときと同じく「野菜の皮むき係」にさせられていた。

係長は、係員全員の身体検査をしなくてはならなかった。

あるとき、ママは係長に言ったそうだ。

「ねえジョルジュさん、私の身体検査は形だけにしていただけませんか。私、毎日ジャガイモをそでのなかにかくしてるんです（これからもかくしたいんです）。ふたりでだまっているのはどうでしょう。上にいる子どもたちは、もうあのスープを見るだけで、吐いてしまいそうになってるんですもの……」

そのとおり。わたしたちには、もう食欲がなかった。何度も煮返したスープばかりをがつがつ食べたために、いまではにおいをかぐだけで、歯をくいしばって吐き気をこらえなくてはならなくなっていたのだ。

ある日、ドランシー収容所に、きらきら光る黒い目をした若い男の人が送られてきた。

ママは歓声をあげた。

「『ジャンヌ・ダルク』の演習のときのことをおぼえてる？　わたしは十六歳で、おチビちゃんだったあなたの巻き毛をなでてあげたのよ」

彼はロベール・マニュエルといって、国立演劇学院を卒業し、フランスを代表する劇団、コメディ・フランセーズに入ったことが注目されていた人だった。

ああ！　なんてきれいになったのだろう、ドランシーは。

前にいたとき、地面をごろごろおおっていた黒い石炭殻は、収容されている人たちが流したセメントでかためられて平らになっている。刈られた髪の毛が飛んでいた広い中庭のまんなかでは、青々とした草が日の光に輝いている。

そして、なんて組織立っていたのだろう！

まず、白髪のおじさんがやっている衣料品店があった。

その前で、わたしたちの仲間のローズ＝マリー・ルリッシュさんはそわそわして、ターバンを落としたっけ。ショールに紙をつめたものを、当時流行っていたとおり、頭に高く盛っていたのだけど、それをぜんぶ落っことしてしまった。

それから「皮むき場」。大量のスウェーデンカブ(*)が運ばれてくるのだけど、係長には目をみはらされた。どちらの手にも、生まれつき指が六本あったのだ！

診療所では、片方の腕がまひしていたジルベール・ドレフュス先生が、自由がきくほうの腕を二倍使って、献身的にみんなを診ていた。

ほかにも事務所、行政機関の支所にドイツ軍司令部、独房、ユダヤ教会堂や劇場……。ほんとうに、ここはひとつの町だった！

でもそれは、夜になるといくつもの独房から叫び声が聞こえてくる町だ。

オッペンハイマーさんという人は、毎晩なぐられ、それから氷のように冷たい水を浴びせられて、そのままひと晩じゅう、裸でずぶぬれのまま放置された。オッペンハイマーさんの弟が、脱走しようとしたからだ。

そして、けっきょく兄弟のどちらも死んだ。ひとりはドランシーで、もうひとりはドイツで。

ここから釈放されてふたたび自由になるには、まず入るときの検査でユダヤ教徒に特徴的な割礼をしていないかどうか、下着をおろして見せなくてはならない町でもあった。

訳注（＊）　見た目はダイコン、味はカボチャに似ているものの、おいしいものではなく、日本では明治時代のはじめに北海道で栽培されるようになったが、家畜の飼料用となった。

ああ、あの男の人！　ユダヤ人だったけれど、体つきはドイツ人っぽかった。そしてドイツ軍司令部から出てきたときには、解放されるのが決まったうれしさで、まだボタンをとめながらも笑っていた。自分はアーリア人だと誓ったのだった。割礼をしなかった両親は、なんとかしこかったのだろう！

反対に、けられた痛みで体をふたつに折るようにして出てくる人たちを、わたしは何人見ただろう。

けれどそこは、才能にあふれた人たち、パリ国立高等音楽院や演劇学院といったコンセルヴァトワールの首席たちが、山ほどいる町だったのだ。ヴァイオリニスト、ピアニスト、ほかにもいろいろな楽器の名手たちに歌手、俳優。オペラも作ったマルセル・ラテスのような作曲家もいた。

ママは、むかし彫刻家のお嬢さんだったマルグリット・ドゥブリさんといっしょにピアノを勉強していて、名高いラザール・レヴィ先生(*)のオーディションを受け、ピアノを弾いた。全世界へのナチスの宣伝映画「地上の楽園ドランシー」にも、ドイツ人たちに選ばれて出演させられた。ショパンにリストにベートーヴェンの音楽の数かず……。

なにもかも、なにもかも去っていく人たちの気持ちをまぎらわせるためだった。

そう、去っていく人たち……。

ママは何時間もどこかへ行っていた。そして大部屋に帰ってくると、ぐったり疲れはてたようすで、藁ぶとんにたおれこんでいた。

なにをしてるのかな、ママは。

アルフェンさんの指令のもとで、ママは「待機階段」の手伝いをしていたのだ。それから「出発階段」の副責任者になった。

待機階段は、希望の階段だ。ユダヤ人なのかどうか、あいまいだったり、ドイツ軍のほうでどうするのかもめたりしている場合。出身がスペインやスイス、イギリスの場合でさえ、助かる可能性があった。みんな書類や証明書やビザなど、釈放につなが

訳注（＊）（一八八二―一九六四）パリ国立高等音楽院教授。ユダヤ系のため第二次世界大戦中は公職追放にあったが、一九四四年に教授に再任された。一九五〇年には来日して演奏会を開いた。日本のピアニスト、安川加壽子（一九二二―一九九六）の師。

るものを待っていた。

イギリス政府は、フランスのペタン政権とはちがって、ユダヤ系であろうがなかろうが、イギリス人はイギリス人だときっぱり言いつづけていた。

戦時中だから、英国国民が投獄されることもあるかもしれない。でも、みなイギリス国王ジョージ六世の臣民であるからには、東方の強制収容所に移送されることがあってはならない。

というわけで、たくさんのイギリス人がフランス東部の山あいの村、ヴィッテルに送られた。ヴィッテルは、そのために整備された収容所だった(*)。

スペイン政府は、ユダヤ系スペイン人を自国スペインに収容したが(外国の収容所よりましだ)、国境でつかまえたユダヤ系フランス人は、気前よくドイツ軍に引きわたした(いとこのピエールの場合がこれだった)。そのかわり、国外にいたスペイン人をたくさん救ったのだ。

スイス政府も、可能なかぎり、国外のスイス国民を救った(ドイツ語圏のスイス人のほうが、フランス語圏のスイス人より献身的にそうしたという)。

デンマーク国王は、ユダヤ系デンマーク人が黄色い星をつけなくてはならなくなった日に、自ら星をつけ、その後、彼らをスウェーデンへ脱出させることに成功したそうだ。この話を聞いて、わたしたちはみんな心からデンマーク国王をたたえた。

でもそう言うわたしが、すこし前には「元帥よ、われらここにあり」を歌っていたなんて。

第一次大戦中、ドイツとのヴェルダンの戦い(**)で祖国のために力をつくしたのに、いまは待機階段ではなく出発階段に入れられてしまったわたしの老いたおじさんたち、いとこたちのことが、胸にうかんだ……。

訳注(*) イギリス軍やアメリカ軍の捕虜もここに収容された。ローマ時代から温泉のある土地で、現在ではミネラルウォーターで有名。

(**) フランスのヴェルダンでおこなわれたドイツ軍とフランス軍の戦い。第一次世界大戦の大きな戦いのひとつで、両軍あわせて七十万人以上の死傷者が出たという。

出発階段――。

どことも知れないところへ、行くと定められた人たちの階段だ。外に出ることを禁じられて、押しこめられ、選別され、数えられ、急がされ、また数えられ選別しなおされる。

彼らは去りゆくのだと知っていた。ある人たちはあきらめ、ある人たちは叫び、祈り、「助けてください」と必死でたのむ人もいた。

若い人、お年より、赤ちゃん、病気の人、恋人たちや夫婦、家族全員ということもあった。もう何か月も収容所で苦しんできた人もいれば、つかまったばかりの人もいた。拷問された人、暴力を受けた人、ましな扱いを受けた人。すっかりまいってしまった人、反抗的な人。ぼう然としている人、感情的になっている人……。

どの人にも「なさけ無用」だった。

お腹に赤ちゃんがいて体調が悪い女の人も、自殺しようとして昏睡状態におちいった人も、結核患者も、あるときなど、しょうこう熱にかかった三十人もの子どもたちも。

名簿は名簿なのだ。藁ぶとんのなかにかくした赤ちゃんにさえ、容赦なし。ひとりひとり番号をふられているので、数が合うまで数えなおされる。数字は数字なのだ。

ドイツの公務(こうむ)は、あまりに完ぺきだった。

アルフェンさんは、出発する人たちをいつまでも手伝っていたママに、何度も言ってくれたそうだ。

「クリストフさん、はやく自分の部屋にもどりなさい。名簿の人数がそろわないと、最初に通りかかった人が連れていかれるかもしれないから」

出発する人たちのなかには、これからのことに気づいていない人もいれば、おそらく死ぬのだろうと感じている人もいた。だれかへのメッセージや短いことば、たいせつにしていたものを託(たく)していく人もいた。

クリストフさんに
涙(なみだ)の収容所へ　神がつかわした稀(まれ)なるほほえみの人
一九四三年十一月、ドランシーにて
モーリス・ルヴェル　去りゆく者

さまざまな重さのなかでも　ひときわ明らかなこの重さ！

あらゆる夢に　血にそまった鉄条網が突き刺さる
これほど近くで　不安におののいている人々が
答えも知らされぬまま　はるかな靄のなかに消えていく。

ぜんぶで六つの詩節でできた詩だった……。

階段での押しあいへしあい、叫び声、点呼、気をうしなった人たちの手当て、子どもたちの涙。

荷物や藁ぶとんの山、ぶつかってはガチャガチャ鳴るいろいろな容器、生まれたての赤ちゃんのための魔法びん、発作を起こした心臓病の人のためのカンフル剤、独房から引っぱり出されてふるえている人のための毛布。

人と物がひしめきあい、パニックが起きている大さわぎのなかで、兄弟やいとこや友だちのだれかと不意に出くわす人もいた。

ママもそんななかで、ロッチルド病院から出てきたいとこのアルベール・エイマンにばったり会ったのだけど、そのまま東に出発させなくてはならず、いつもよりもっとやつれた顔になって部屋にもどってきた。

足を引きずるようにして中庭をもどってくるママが、遠くから見えていた。

おかげでママは、このころわたしにすこし怒りっぽくなった。ママのお皿を出しておかなかったときや、寝床の用意をしておかなかったときなんかに。

わたしは、そんなママに腹をたてたのだ――。

出発階段にいる人たちの視線は、重たく暗かった。

〈あなた、あなたは残るんだ！〉と言っているようだった。はっきり口に出す人たちもいた。

「あなたは残るんですね、あなたは！　残るんだ、あなたは。どうしてあなたは……？」

ママは、自分が悪いような気になったようだ。〈そうね、どうして私が？〉

ときどきわたしはそれを感じとった。そしてごくたまにだったが、子どもの身勝手さで、こんなふうに思った。

〈わたしにはおかあさんがいなきゃだめでしょ。それに、おとうさんだって必要よ。まだ十歳なんだからね。楽しく笑っていたいの〉

でもたいていは、ますますものを考えなくなり、そのときどきを生きているだけになった。スープを待って、寝る時間を待って……。

そしてすこしずつ、いろいろな責任者たちがいなくなるにつれ、それぞれの活動もなくなっていった。スカウト運動、お芝居や歌や踊り、信仰——ぜんぶなくなってしまった。

一九四二年の十一月十一日からというもの、それまでの南の「自由地域」もドイツ軍に占領されて、避難していた人たちが大勢つかまった。そこなら、ペタン政権のもとで安全だと思っていた人たちだ。

送られてくる人が増えた。

ユダヤ系の外国人で、キリスト教徒の家やフランスのユダヤ教徒の家にかくまわれていた人たちもいた（闇取り引きなど、なにか悪いことにかかわっていたユダヤ人しか連行されないはずだと、最後まで信じていた人もいた）。

でも大部分はユダヤ系のフランス人で、小さな包みだけを持って到着する人たちが、わたしのいるところから、ひっきりなしに見えた。

南仏の海岸で水着のままつかまって、着がえることもゆるされずに送られ、こごえてすっかり体をこわしてしまった人たちもいた。

子どもだけの集団も、また見るようになった。それまで親がかくしたり、ユダヤ人のレジスタンス運動組織にあずけたり、あちこちの修道院やカトリックの家庭にたのんだりしていた子どもたちだ。

なかでも、グルノーブルが県庁所在地のイゼール県や、南東のセヴェンヌ山脈の地域のプロテスタントに、かくまわれていた子どもが多かった（国の宗教がカトリックのフランスで、プロテスタントは何世紀にもわたって迫害を受けてきた少数派であることを思えば、子どもをかくまってもらう先に選ぶのはよくわかる）。

お金のために、いえ、なにももらえなくても、おもしろ半分に密告され、つかまった赤ちゃんや小さな女の子、男の子たち。そういった子どもたちの居場所をつきとめる役目をおわされた若い「かくれユダヤ人」のボーイスカウト隊員たちも、けっきょくいっしょに連行された。

パパのいとこのアリスとその娘シモーヌも、送られてきて待機階段におり、ママとばったり会った。クリストフ家の血筋らしく、ふたりとも身長が百八十センチはあった！
「ねえマルセル（ママの名前）、お願い」とアリスは言ったそうだ。「こっちの足がひどく痛いの。タコやマメの手当てができるお医者さんをよんできて。これじゃ出発できないわ！」

それでもママは、手をメガホンがわりにしながら、ぜんぶの大部屋をまわった。

〈どこに行くと思ってるのかしら……〉とママは思ったという。

「足のお医者さんはいらっしゃいませんか？」

そして、ひとり見つけた。アリスは安心して出発できることになった……。シモーヌもいっしょに。

シモーヌはカトリック教徒と婚約していたので、もし婚約指輪をしていたら、ユダヤ人とはみなされずに残れたかもしれない。でもまだ指輪はしていなかったのだ……。

待機階段で名簿の点呼がおこなわれる。心臓がドキドキ鳴る。それから出発階段へ移動させられる……。

出発は明けがた。みんなパリ交通局のバスにぎゅうぎゅうづめにされ、あたりがさわがしくなって、なにを言っているかも聞きとれない。子どもやお年よりや体に障害がある人には、手を貸さなくてはならない。まんなかの通路には、昏睡状態の人たちや出産したばかりの女の人たちを横たわらせる。

犬たちがほえ、警笛が響き、ののしりのことばが飛びかう。

バスが出たあと、がらんとした出発階段は、ごみが散らばったままよごれて、陰気で、数えきれない悲劇の影がしみついているから、すぐにそうじしなくてはならない。

そしてあっという間に、また新しい一団がやってくる。

ドランシーに来てからほぼ一年で、わたしはだれかとなかよくするなんて、考えもしなくなった。もうそんな時間もなかった。


わたしたちのグループの女の人たちが何人も、レヴィタンという家具店に行かされた。そしてそこで、ユダヤ人家庭から没収された財産や道具を、ドイツに送るために荷作りする仕事をさせられた。

ときには、泣きながら帰ってくる人がいた。

「私が包んだのは、自分の銀食器だったのよ」

こんなときでも、ユーモアをわすれない人もいた。

「今日、うちのお姑さんのダイニングセットを見かけたわ。あはは！　私、あれ大きらいだったの」

わたしは、自分の大きなお人形が、レヴィタンの店からパリの東駅に送られたと知っていた。

あのお人形で遊ぶドイツ人の女の子って、どんな子？


ああ！　あの第三ブロック、「有力者」たちのブロック――。

第三ブロックの男の人たちは、まる一日パリに外出してもいいそうだという話が、ある日わたしたちのところまで伝わってきた。

パリに外出？

そう、ところが夜には、自分たちで見つけたユダヤ人を連れて、収容所にもどってこなくてはならないというのだ……。

最初に行かされたのは、ママもよく知っている男の人とその息子さん。

当てずっぽうの住所を教えられ、もちろん連行などできずに帰ってきた。
そして東へ移送されていった。

ある晩、イギリス空軍が、セーヌ＝サン＝ドニ県の県庁所在地、ボビニーの駅を爆撃しに来た。

反撃を受けた一機から、パラシュートで脱出したパイロットは、収容所のまさにとなりに降りてきた！

ボビニーの建物や倉庫は、ひと晩じゅう燃えていた。そこもドイツ軍に占領されていたから、みんなそれを見て喜んだけれど、対空防御砲のすさまじい音に、わたしはふるえあがった。

ああ！　あの第三ブロック。連行なんていう刑事みたいなことは、できなかったらしい……。

ある日、全員が出発階段に移されたのだ。

大好きだったよ、わたしのお友だちのミリアム・ボール。

あなたも消えてしまう。ギィと同じように。

なにもかもが消えていく。だれもかれもが消えていく。

不意にわたしは、つかまる前のころのように、こわくてたまらなくなった。こわくてお腹がいたくなった。


わたしたちは全員、ナチス親衛隊（SS）ブリュナー隊長に、捕虜の妻子だと証明できる書類や手紙などを順番に見せた。

偽造がばれるのではないかと、おびえる女の人たちもいた。でも偽造された手紙は、どれもよくできていた。

ママは、証明するものとして、最初の捕虜収容所から送られてきたパパの写真を見せた。

ひげののびた将校たちの、小さな一団の写真だ。寒さをしのぐために、上着の下に新聞紙をつめていて、上半身がふくらんでいる。

この写真を受けとったときには、みんなパパをかわいそうだと思ったけど、いまではわたしも同じことをしている！

ママの首は、いつのまにか、なんて太くなっちゃったんだろう！

以前の「自由地域」――いまでは包囲され、区分けして警備され、徹底的に捜索されている地域から、最後にドランシーに着いた人たちは、みんな追いつめられた獣みたいな顔をしていた。

「人間狩り」についてのおそろしい話が、ひそひそといくつも聞こえてきた。

ある人たちは、精神病院に身をひそめていたところをつかまったという。何か月もつらい芝居をしたあげくなのだから、精神的にすっかり弱ってしまうのも、わかるというものだ。

地下室や洞くつにひそんでいたところを見つかった人たちもいて、監視の網の目がさらに引きしめられたのを感じたとのことだった。

みんな密告され、売られ、お金と引きかえにされていた。

小さな子どもたちも、あいかわらずつぎつぎやってきた。親たちが、自分がつかまる前にと、修道院に託したり、ユダヤ人のレジスタンス組織にたのんだりしてきた子たちだ。

けっきょく親たちはつかまり、組織は解体してしまい、あずけたところに払うお金も尽きると、子どもたちをかくまっていたいくつもの扉が開いたのだ……。

そしてその先で、ドランシー収容所の扉が、閉じられたのだった。

出発

わたしたちも、とうとう出発することになった。生まれ育ったこのフランスを、はなれるということだ。それを、わたしはよく頭に入れておかなくては。

ママは、公平なことだと考えているらしい。

「いつもほかの人ばかりだったんだもの。私だって……」

そんなママを見ていると、つかまったときのことを思い出す。

「ふう！　これでもう、逃げなくていいんだわ」

わたしは特別待遇に慣れてしまっていたのだけれど。

でも、やっぱり特別待遇だったのだ。ほかの人たちの出発とはちがっていた。

ジュネーヴ条約のおかげで、わたしたちはまだすこし守られていたわけだ。衣類やかばんを持っていけたし、小包で受けとった食糧も、できるかぎり包んでいくことができた。

乗っていくのもバスではなかった。幌つきのトラック何台もに、分かれて乗った。幌にあいた小さな穴から、わたしはパリの街をながめた。

大好きなパリ――広びろとして明るくて、静かで、いまは車も人の姿もない。この二年で、わすれ去られたみたいに……。

トラックが止まって、わたしたちは降りた。

パリ東駅だった。

わたしたちは、駅の丸い柱の下へ押しやられ、そこで荷物を足もとに置いて立ったまま、長いあいだ待たされた。小さい子たちが、あたりを駆けまわりたがった。

見張りの兵士たちは、銃を持っていた。

駅を行きかう人々は、女の人と子どもばかりが百人も百五十人もいるのをながめて、歩く足をゆるめたり、立ちどまったりした。

ああ、この黄色い星！　ママ、わたしこんなの取っちゃいたい。こんなふうにじろじろ見られるのは、いや。こんなところにいたくない。どうして銃なんか持ってるの？早くみんな行って。わたしは見せものの動物じゃないんだから。

わたしは地団太をふんだ。

「よく見てごらん」ママは言った。「立ちどまってる人たちは、あなたを助けたいって思ってるのよ」

でもだれひとり、そうはしてくれなかった。

マドレーヌ・ドレフュスさんは、逃げだそうとした。でも失敗した。

ドイツ語が話せるローズ＝マリー・ルリッシュさんも、がまんならなくて、兵士たちのなかでも年長のひとりにこう言った。

「あなたたちがしているのは、卑劣なことです」

「われわれは、いつかきっと罰を受けるのでありましょう……」

やがてわたしたちは、ふつうの列車につながれた三等車に押しこめられた。

乗客たちは、わたしたちのいる通路を通って、食堂車と行き来した。

まだすこしお金を持っていたので、その食堂車に行ってみたら、飲みものを売ってくれた！

最後にふつうの列車で旅をしたときには、あのころの非占領地域へ行くため、南へむかったのだった。いまは、北にむかっている。

列車はかなり北まで進み、すこしベルギーも通った。ムーズ川(*)も見た。沿岸のごつごつした岩山は、ベルギーのアルベール国王が遭難して亡くなった山らしい(**)。家畜用の貨車のことを思えば、なんていい旅なんだろう！

ママはわたしに苦笑いした。まわりの人たちもした。

最後にはわたしも苦笑いした。

フランスよ、わたしはあなたのもとをはなれました。

そしてドイツに入った。わたしはドイツに入った。ドイツにいるのだ。

ママが言った。

「気持ちのうえでは、かえって楽ね。自分の国で囚人になるほうが、つらいわ」

それから、破壊されたケルンの街を通っていった。

国境をこえてから、見張りの兵士たちは交代していた。ますますおそろしい顔つきだ。

それで、わたしはこわくなりだした。お腹がいたくなった。

ハノーファーで列車から降りた。空襲警報が鳴った。駅の地下室に避難したが、上のほうではずっと爆発音が響いていた。

先に避難していた街の人たちは、わたしたちのために場所をつめてくれた。地下室はごったがえしていた。わたしたちに街の人たち、それに武装した兵士たち。そしてそこらじゅう、なにもかもがぐらぐら揺れた。わたしも揺れた。ぜんぶくずれ落ちてくるかと思うほど、すさまじいとどろきが続いた。空爆、対空砲火、機関銃、人の声、泣き声、あらゆる音が混じりあう――。

警報が解除されるとわたしたちは列車に乗りこんだ。見張りの兵士たちが交代した。

列車は走りに走った。

訳注（＊）一般にはオランダ語でマース川。フランス北東部からベルギーへ流れ、オランダで北海にそそぐ。

（＊＊）（一八七五――一九三四）趣味は登山や車の運転だったが、一九三四年二月に遭難死。第一次世界大戦中、中立国だったにもかかわらずドイツ軍が通過しようとしたときは、「ベルギーは道ではない。国だ」と述べて国土を守ろうとし、国民から賞賛をあびた。

北ドイツのまんなかあたり、ツェレの駅で止まると、また乗りかえだった。せきたてられ、おかあさんたちも子どもたちもいろんな荷物もいっしょくたに押しこめられて、息もつけなかった。

ナチスに協力する民間人の見張りたちは、長い革のコート姿だ。

このコートを見るたびに、わたしは足がすくむ。

ののしりのことばが、ドイツ語でもわかるようになりだした。

列車はさらに走り、ベルゼンの駅に着くと、みんな降ろされた。

そして点呼。でもドイツ語風に発音するので、ひどくわかりにくい。

「クリストオフゥ　ヴランジヌー。クリストオフゥ　マルゼルー」

終わると、どなられながらトラックに乗った。

五月七日のことだった。

鉄条網。

まだ鉄条網。

どこまで行っても鉄条網――。

ベルゲン＝ベルゼン

I　バラックでの暮らし

まんなかに大きな通りがあって、両側に鉄条網でかこまれた収容区がある。どの収容区にも、バラックがたくさん建っている。

そこから人々がこちらを見ている。なんという視線だろう！

わたしたちの収容区。バラックの群れ。そしてわたしたちが入るバラック……。

前からいる人たちが、いろんなことを知りたがって駆けよってきた。オランダ人にギリシャ人、ドイツ人。わたしたちと同じような特別待遇の人たちだ。髪の毛があるし、自分の服を着ているからすぐわかる。

いろんなことばがごちゃ混ぜに飛びかって、外で起きていることを聞かれ、食べるものをくれないかと言われた……！

バラックのなかには、まんなかに大きなストーブがあって、長いテーブルとベンチがいくつも、それに木でできた三段ベッドがずらりとあった。

三段ベッドなんて、はじめて見た。これまではいつも二段ベッドだった。

わたしたちは藁ぶとんに藁をつめこみ、みんなベッドのはしをすこしあけて、そこにかばんを固定した。夜は、かばんの上に足をのせて寝る。

ベルゲン＝ベルゼンでの最初の食事。

出されたものを、前からいる人たちはがつがつ食べるので、びっくりした。わたしたちが「どうぞ」とあげた分まで。こんなものがどうして食べられるんだろう？草のスープで、洗ってもいない根もついていて、かむと土がジャリジャリいう。

わたしたちは黒パンとマーガリンと、フランスから持ってきた食べものだけでがまんした。

道のむこう側、正面の収容区は、ソ連の戦争捕虜でいっぱいだったが、食べるものをまったく与えられていないという。

わたしはオランダ人の子たちと友だちになろうと思ったのだけど、うまくいかなかった。

「お名前なんていうの（コモン・テュ・タペール）？」

「リンゴ、リンゴハ、イツカソノウチネ（アペール、アペール、モルゲン）」

「ちがう、あなたの名前（ノン、トン・ノン）！」

「チガウ、チガウ、ソウネ（ノン、ノン、ヤー）」

「ここに長くいなくちゃならないのなら、あなたはドイツ語をおぼえたほうがいいかもしれないわね」ママが言った。「役に立つかもしれないから」

それで、オランダ人の女の人から、ドイツ語を教えてもらうようになった。

フランスから、ユダヤ人を乗せた二番めの列車が到着した。レヴィタンの店で働いていた女の人たちだった。

こんどはわたしたちが、彼女たちの分までスープを食べる番だった。

わたしはこのときには、二杯でも食べられただろう。

この第二陣のなかには、アンリエット・マラさんの長男もいた。マラさんがつかまったときにいっしょだったのは、下のふたりの子たちだけだったのに。

トワノンさんの三人の子どもたちもいた（トワノンさんは三人をかくしてから自分だけ逮捕され、その後、脱走した。そして三人をあずけた先に行ったのだが、みんなつかまってしまったあとだった。それで子どもたちを見つけるために、自分から名のり出たのだ）。

国務院(＊)評議員で、パリのミュージックホール、アポロ劇場創設者の甥でもあるレナックさんと奥さんも、送られてきた。

ノルマンディーの海辺の街、ル・アーヴルの市長、メイエールさんと奥さんとお嬢さんも来た。お嬢さんはあの「奇妙な戦争」のころ、看護婦をしていた。

ジャーナリストで、いろんな人のサインの収集家としても有名なピエール・オグーズさんと奥さん、おかあさんもいた。

わたしたちはみんな「人質」とよばれた。

パパから手紙がきた!![1]　ベルゲン＝ベルゼンあてだ!!

一九四四年六月十一日

かわいそうな愛しいきみ

それでいま、きみはおチビちゃんといっしょにドイツにいるんだね。ぼくらの居場所は、おたがい近づいたというわけだ。不幸中の幸いかもしれない。

五月一日付けでチェルカの奥さんから手紙をもらって以来、この一か月はひどいものだった。四月二十日からというもの、ぼくの持ちものは、もうなにもない。

それからカーンの兄からの手紙で、きみたちの移送について、知った。ぼくたちは全員、どれほど動揺したことか。

訳注（＊）政府の行政・立法の諮問機関で、上級行政裁判所の役割をつとめる部局もある。

原注（1）以前、フランスへ手紙を書くようにという通達が、わたしたちにあったのだ！　それでママは、おばあちゃんが見つかってつかまったりしないように用心して、おばあちゃんの友だちのケヴァルさんに手紙を書いた。手紙はケヴァルさんから無事おばあちゃんにとどき、こんどはおばあちゃんがパパに、ベルゲン＝ベルゼンのわたしたちの住所を手紙で知らせたというわけだ。

ようやくきのうの夕方、六月三日付けの母からの手紙で、きみたちの住所がわかった。きみが返事を書けるよう願っている。そのために、ぼくはできるだけのことをするつもりだ。

チェルカも奥さんに手紙を書いている。チェルカは元気だよ。ぼくが住所を知らせた。

きみは戦争捕虜の妻だということを、けっしてわすれないように。ぼくらが手紙をやりとりすることは、ジュネーヴ条約で保障されている。条約には、戦争捕虜の近親者について明記されているが、妻と子ども以上の近親者はいないのだからね。

勇気をもってがんばっておくれ、愛しいきみよ、そして忍耐強くしていてくれ。希望という名の船の手すりをしっかりにぎって、気持ちを強く持っているように。

幸せはきっとまたもどってくる。ぼくらがどんなに幸福だったか思い出すんだ。一九三九年の六月は、たった五年前だ。

きみたちの旅は何日かかって、どんなふうだったのか教えてほしい。おチビちゃんもきみも、なんとかがんばれたのだろうか？　いまはどんなところに住んで、どんなふうに寝たり食べたりしているのだろう？　一日どんなふうにすごしている？　おチビちゃんときみはいっしょにいる？　ジュネーヴの赤十字が、きみたちの世話をしたり食糧をとどけたりしているだろうか？　本や新聞は読める？　収容者はどんな人たち？　男もいる？

食事に金がいるなら、ドイツ通貨のマルクを送る許可を願い出ようか？

母はとても毅然として、悲観的にならず、元気だ。ぼくもだよ。

フランシーヌにいっぱいキスしてやってくれ。そしてきみらしい明るさでいつづけてほしい。いまほどきみを愛し、心の底からすばらしいと思ったことはない。(2)

ロベール

戦争捕虜でさえ、強制収容所がどんなところなのか、想像もつかなかったのだ。

収容所は、広大なモミの木の森にかこまれていた。森は黒ぐろと深く、おそろしげ

原注（2）　この手紙は、おばあちゃんがずっと取っておいてくれた。

だった。
いくつもの部隊が、そこで演習(えんしゅう)をしていた。兵士たちが列を作って「ハイリー・ハイロー」(**)と歌いながら行進するのを、わたしたちは鉄条網(てつじょうもう)ごしに見ていた。

ママは毎朝、あの歌を口ずさんでいた。ママのくちびるから、ごく低く漏(も)れてくる歌詞(かし)を、わたしも心のなかで追った。

人生、くよくよするもんじゃない。
ぼくは　くよくよしたりしない。
いまのちっぽけな苦しみなんか
やがてそのうち過(す)ぎていく。
そして　すべてがうまくいく。

そのとおりだよ、ママ！

おとなの人は男も女も、毎日、作業班に働きに行った。

子どもは収容所に残った。

点呼と食事のあいだには、あたりをぶらぶらしたり、遊んだり、収容所内の使い走りをしたりした。

ママは、またバラックの看護婦に指名された。

そしていちばん弱っている人たちには、点呼や作業班に行くのを免除してあげようとしていたが、いつもうまくいくわけではなかった。

頭のシラミがひどくなって、ママはわたしの髪の毛を、男の子よりも短く切った。わたしはとにかく、丸刈りにされてしまうのをおそれていた。

ママは、わたしの友だちのモニック・ネアマとアルレット・ヴォランの髪も切り、それからほぼ女の子全員の髪を切った。みんな、頭をかきむしっていたのだ。

訳注（＊＊）「一枚の銅貨と銀貨（Ein Heller und ein Batzen）」という歌のくり返し部分。もとは東プロイセンの民謡で、ドイツ軍兵士たちに好まれ、第二次世界大戦中もよく歌われた。

ベルゲン＝ベルゼンでのはじめてのシャワー。

シャワー室はわたしたちの収容区から遠くて、まんなかの通りをたくさん歩いていかなくてはならなかった。

広い部屋に着くと、そこで裸になる。着ていたものは、消毒にまわす手押し車のなかに入れる。

女の人は、手で前をかくす人が多かった。息子たちの前で裸になるなんて、はじめてで気づまりだったのだ。息子といっても、もう十四歳とか十五歳だったのだから。

それから長い廊下を歩いていく。つきあたりには、ナチス親衛隊員（SS）の見張りがひとりいる。

さらに一時間、シャワーから水やお湯が出るようになるまで、裸のままシャワー室で待たされる。

ときどき将校たちが、こちらをのぞきながら通っていく。

作業班で働いている女の人たちは、カイコのまゆの選り分けをしていて、夜になると、収容所にまゆをすこし持って帰ってきた。

わたしたちはそれを小さな棒の先につけて、いろんな動物や、おもしろい形の小さなお人形を作って遊んだ。

シラミはどんどん増えた。フランスにいたときのノミとはちがう、アタマジラミやコロモジラミで、背中のもようがナチスの鉤十字みたいに見える。つまり、ドイツ野郎のシラミってわけだ。

やつらは両手の親指の爪のあいだで、つぶれた。

灰色の制服を着た女看守、「灰色ネズミ」たちは、わたしたちに命令するのに、いちいちこうどなった。

「このアマ、それをやれ。このアマ、これをしろ！」

それでママは一度、思わずわれをわすれ、ドイツ語が話せる収容仲間のほうをふり返って叫んだ。

「ちょっと言ってくれる？『私たちをアマ呼ばわりするのは、ドイツ人捕虜の妻たちしか見たことないからなのね！』って……」

むかい側の収容区にいたソ連人捕虜たちが、いなくなった。

かわりに、縦じまの囚人服を着せられた人たちがあらわれた。

もっとも、まわりの収容区ぜんぶが、縦じまの囚人服に丸刈りの人たちばかりになっていた。囚人服の背中に、文字や記号を書かれている人たちもいた。


朝はいつも、ビーツ(***)のジュースを飲んだ。お昼はスウェーデンカブのスープ。夜もスウェーデンカブのスープ。

スープには、小さく賽の目に切った肉のかけらが浮いている（犬の肉といううわさだった。収容所の近くに犬のと場があったのだ）。

そのスープの入った巨大な軍用の四十リットルなべは、わたしたちが取りにいく。でもあまりに重くて、ふたりで運ぶのは、ほんとうにたいへんだった！

二十五リットルなべもふたりで運ぶのだけど、四人で三つのなべを運ぶようにして、とちゅうで持つ手を変えれば、すこしはましだった。

「いま背中が、バキッていったわ」

ママはこの前、なべを下に置きながら、そう言った。

運びおわると、こんどは大きなお玉を何本も使って、なべを底からよくかき混ぜる。全員に野菜の切れはしか、肉のかけらがひとつ行きわたるように。肉のかけらは、だいたい二センチぐらい。

ママは自分のかけらを、わたしにくれる。

わたしは、まわりの人たちがわたしよりたくさんもらっていないか、みんなのお皿のなかをさっと見る。

あとは、大きな四角い黒パンが週にひとり一個と、四角いマーガリンが一個。

夜になると、ときどき叫び声が聞こえた。

死んだ人たちは、死体焼却場で焼かれた。

工場みたいな高い煙突が見えていた。

訳注（＊＊＊）赤むらさき色の根菜で、見た目はカブに似ているが、食べた感じはだいぶ固く、ふつうボルシチなどの煮こみ料理や酢づけ、サラダにする。最近では、血管をじょうぶにする働きなどがあるジュースとして、健康のために飲む動きもあるようだ。

II　仲間たち

作業班の女の人たちが、うれしそうに帰ってきた。

「連合軍が上陸したのよ！」(*)

みんなテーブルをつぎつぎ外に出して、ふたつのバラックのあいだの道に置いていく。そしてテーブルの上に乗って、歌った。

「連合軍が上陸したのよ！」

でも、わたしはお腹がすいてたまらない。

ねえママ、上陸したのって、ここから何キロ先のところ？

夏がきた。太陽がぎらぎら照りつけて、すさまじい暑さだ。

黒い大きい虫が、肌に張りつくようにとまる。上からたたかないと追いはらえない。

ドイツのハエ、とわたしは名づけた。

みんな汗をかいた。

死んだ人たちは、あっという間にひどいにおいになる。

七月十四日、フランス革命記念日だ。(**)

アンリエット・マラさんは、赤いドレスを持っていた。白や青のドレスを持っている人たちもいた。何人もが、フランス国旗の色と同じ青白赤の三色を身につけて、収容所のなかを練り歩いたり、そのまま作業班の労働に行ったりした。

でも、だれにも、なにも言われなかった。ほかの収容区の囚人たちは、うれしそうに、でもおそろしそうに、みんなを見ていた。


訳注(*) 一九四四年六月六日、史上最大規模の上陸作戦「ノルマンディー上陸作戦」が実施された。ドイツに占領されていたフランス・ノルマンディーの海岸に、アメリカ軍とイギリス軍を中心とする連合軍の兵士、およそ二百万人近くが上陸。ここからドイツ軍への反撃がはじまった。

(**) 一七八九年のフランス革命によって、フランス共和国が成立したことを祝う日。日本では「パリ祭」とよばれることが多い。

クロード・チェルカが、こんなことを言いだした。

「八月二十日はクリストフのおばさんの誕生日だから、夜、どんな『パーティー』をするか、子どものみんなでこっそり考えよう」

「パーティー」は開かれ、フランス各地の歌の合唱で終わった。


特別待遇だったのは、戦争捕虜の妻子だが、具体的にはまずフランス人の妻とその子どもたち、それからオランダ人の妻とその子どもたち。オランダの人たちは、ベルギーの街アントワープにいたダイヤモンド商人がほとんどだ。そしてギリシャ人の妻たち。ほぼ全員、ギリシャ北部の大きな街テッサロニキの人たちで、ギリシャのユダヤ系で生き残ったのは、この人たちだけだった。

みんな、たいていフランス系の高等学校で勉強していて、フランス語が話せた。

あと、ドイツ人の妻たちもいた。

フランス人のなかには、だんなさんがフランス兵として出征したポーランド出身の妻たちもいた。

ハンガリー出身の女性もひとりいて、フランス革命記念日には、うまく取っておくことのできたブーツで、情熱的な民族舞踊チャールダーシュを踊ってくれた。

バラックのなかでは、街路で区切られたひとかたまりの家々のように、同じような者どうしでベッドをよせ合っていた。フランス人どうしでひとかたまり、といったように。やはりことばの問題があったからだ。

とりわけ「ポーランドの方たち」は、どうしてわたしたちユダヤ系フランス人が、ユダヤのことばとされるイディッシュを話さないのかわからず、いつも話が堂々めぐりになった。

「あんた、ユダヤ人？」

「そう、ユダヤ人よ、だからここにいるの」

「じゃ、イディッシュ、話す」

「ううん、習ったことないし」

「じゃ、あんた、ユダヤ人じゃない」

この調子で何時間も続く。

ああ、ヒトラー(*)はひとくちに「ユダヤ民族」と言ったけれど、とんだ思いちがいもいいところ！

フランス人どうしは、おたがい、ひと目でわかる。

オランダ人は（わたしたちは「ロロ」と呼んでいた。「ロ」の音をのどの奥で鳴らすようにして。オランダ語の発音がそんな感じだから）、北方気質の人たち。そしてパンを「オランダ風」に、オランダのチーズみたいに、うすく切る。まじめでよく働いて、がんこ。

ギリシャ人は髪が黒くて、お腹をすかせていてさえ、わたしたちより太っている。奥さんたちは、東洋風に思いきり泣く。

ドイツ人はドイツ人だ。自分がドイツ人だということに、誇りを持っている。だからこそ、わたしたちのなかでもいちばん心に打撃を受けている。こんなにも愛国心があるのに、こんなにも裏切られ、ひどい目にあわされて。

東ヨーロッパから来た人たちは、ひときわちがっていた。何世代にもわたるユダヤ人迫害や虐殺の歴史をせおっていて、ユダヤ人がひどい目にあうことに慣れてしまっている。

そしてどの国の人というより、とにかくユダヤ人なのだ。

いつの日か、彼ら自身の国ができたら、あの人たちはその国をどんなに愛することだろう！

こういったことをぜんぶ、わたしはふたりの赤毛の友だちと話しあった。ふたりは親子で、わたしたちはおたがい大好きだったから、もっとおしゃべりできるように、おかあさんのほうがイディッシュを教えてくれることになった。

そしてとても親切に教えてもらったけれど……。

いまもおぼえているイディッシュといったら、わたしは「おばかさん」、そして「大きなおしり」。

やせていたのに、おしりだけは丸まるしていたから。

そうそう、ハンガリー人の一団もいた。長いあいだ、ハンガリーの摂政をつとめた

訳注（＊）アドルフ・ヒトラー（一八八九―一九四五）。ドイツの政治家。国家社会主義ドイツ労働者党をナチスと改称して党首となり、反ユダヤ主義などを主張して大統領を兼ねた総統となった後、独裁政治をおこない、対外侵略を強行。第二次世界大戦を引き起こした。

元首ホルティ(*)に守られていた人たちだ(ホルティはおそろしい独裁者かと思ったが、それほど反ユダヤ主義ではなかった)。

山岳地帯から来たアルバニア人たちもいた。するどい目をして、毛皮の縁なし帽をかぶって、荒々しい感じがした(わたしには、かなり野生的な人たちのように見えた)。

個人的にも、すてきだなと思う人たちと、いやだなと思う人たちがいた。

Xのおばさんは、好きじゃなかった……(わたしの友人たちは、「あの人は藁ぶとんの下に食べものをかくしてる」と言っていたので、みんなで目を光らせながら、彼女のベッドのまわりをぐるりとまわってみた)。

おばさんには男の子がひとりいたけど、この子がまたいつも泣いているので、みんなで「うすのろ」と呼んでいた。

ジャコビのおばさんのことは、大好きだった。ふたりの息子もすばらしくハンサムで、とくにおにいさんのトーリはかっこよく、わたしはとても気が合った。

ナナとローズ=マリーも好きだった。ローズ=マリーには、ミシェルというすごくかわいい三歳の男の子がいて、わたしはもうメロメロだった。

ママは、ボーヌ＝ラ＝ロランドからずっといっしょのマドロンにしか、友だち口調で話さなかった。

パパとマドロンのだんなさんのピエール・ラングも、同じ捕虜収容所にいて、厚い友情で結ばれていた。

マドロンにもジャン＝クロードという男の子がいて、つかまった三歳のときの写真が一枚、いまもあった。想像できるかぎり最高にかわいい、天使みたいな巻き毛の男の子だった。

いまのジャン＝クロードはすっかりやせて、ものをほとんど食べられない。口に入れたものを、一日じゅうそのままクチャクチャかんでいる。

訳注（＊）（一八六八―一九五七）ハンガリーの海軍軍人、政治家。当時の政治情勢のため、国王不在となったハンガリーで、元首である摂政をつとめた。おだやかな立憲主義者だったが、独裁をめざす国内の人々の勢いを止められず、ドイツと軍事同盟を結んだ。

しかしナチスのユダヤ人政策には批判的で、ドイツ軍からハンガリーのユダヤ人の移送を要求されたときには、「彼らはわれわれのよき友であり、王国国民である」と断固拒否したという。

お腹（なか）がすいてたまらないわたしは、ジャン＝クロードが食べたがらないのを見ると、思わずかっとなってスープを取りあげたくなる。そして食べないのを罰（ばっ）してやろうと、うしろを通ったときに、つねったこともあった。

週に一度、パンの入ったスープが出た。つぎの日にとっておくと、プリンのようにぷるぷるになる。目をつぶって食べると、まるでお菓子（かし）のようにおいしかった。

夏が過（す）ぎていき、収容区（しゅうようく）はどこも満員だった。

それなのに、死体もなんてたくさんあっただろう！

ママはバラック長に選ばれた。

おかあさんたちが作業班（さぎょうはん）で働いているあいだ、子どもたちはまる一日、好き勝手にうろうろしているので、ママは気をもんでいた。鉄条網（てつじょうもう）に近づくのを心配していたのだ。監視塔（かんしとう）の上から、いつ見張（みは）り番たちに撃（う）たれるかわからない。

ふと、ママはひらめいた。

「みんな、私のまわりにすわって」

そしてパパの第一作『ドナ・コンセプションのすてきな冒険』[1]を開いたのだ。

わたしたちは魔法にでもかけられたみたいに、目をまるくし、息をこらして聞き入った。

ママはこんなことも話してくれた。パパがこのお話を書いていたとき、「ロベール、お願い、ハッピーエンドにしてね。主人公は死なないようにして」と、たのんだのだと。主人公のドナ・コンセプションが死ななくて、わたしたちはホッとした。

「これ、映画にしたらすごいだろうなあ」男子のひとり、クロード・チェルカが言った。

「でも、どうしてところどころ飛ばして読んだんですか？」

わたしはこれに対して意見が言えなかった。映画というものを一度も見たことがなかったからだ。

ママはわたしたちに読み聞かせを続けてくれた。テーブルをかこんでのこともあっ

原注（1）　ボーヌ＝ラ＝ロランドにいたとき、おばあちゃんが小包で送ってくれた。

たし、外でのこともあった。外にあった溝のへりにすわって、足をぶらぶらさせながらのこともあった。

ドナ・コンセプションのあとは、パパの第二作『バゼーヌ・イノサン』(*)だった。これにはみんな、もっと夢中になっていたと思う。たぶん、不公正がテーマのお話だったからだろう。わたしたち自身が、こんなにも大がかりでひどい不公正の犠牲になっていたのだから。


点呼の広場というのがあった。

そこでバラックごとにならばされ、立ったまま、点呼が何時間も続く。いつもまちがいがあれこれあるからだ。病気の人たち、死んだ人たちをわすれていたり、ひとつの作業班がまるごと抜けていたり。

すると数えなおさなくてはならない。まちがいが見つかるまで。

それが二時間になり、三時間、四時間になる。焼けつくような日差しのなか、「気をつけ」の姿勢のまま。

夏も過ぎ、暑さがすこしやわらいできたので、わたしは前よりふらつかなくなった。SSのなかに、ひとり口唇裂(**)を手術した人がいて、かげでみんな、よく話題にしていた。

点呼のとき、収容者がひとり、口を指されて言われた。

「それはどうしたんだ?」

「あなたと同じなんです!」

SSは、なにも言わずに引きかえしていった。

このSSはまだよかったのだけど、その乳きょうだい(***)はもっとずっとおそろしくて、いつも鞭を持ち歩いていた。

最悪だったのは、「ロート」・ミューラー。「ロート」はドイツ語で「赤い」という意味。まっ赤な顔をしていたから、みんなでそう呼んでいた。

訳注(*) イノサン (innocent) はフランス語で「無罪の」「無実の」という意味。
(**) 生まれつき、上くちびるの中央がたてに裂けている口のこと。
(***) ほんとうのきょうだいではないが、同じ女性の乳で育てられた者どうし。

このSS(エスエス)は、いつもどなりちらして命令した。わたしはこわくて身がすくんだ。

わたしたちはシャワーのときのために、わずかな石けんの残りを大事にとっていた。それで髪(かみ)もあらった。シャンプーするのは楽しい。

ところが急に、シャワーから熱湯が送られてくる。みんな、やけどしないように飛びのく。泡(あわ)だらけのときに、とつぜんお湯を止められてしまうこともある。SSたちが来て、せせら笑う。

夜、消灯後の大きな楽しみは、「レストランに行く」ことだった。

「今夜はみなさんを、わが家の近所のビストロ『シェ・ジャニーヌ』にご案内いたします。はじめのひと皿は、フランス風ソーセージ。この店の特製(とくせい)でございます。私(わたし)の夫の好物よ」

ママはわたしたちを、マルブフ通りにある『ル・キャバレー』というレストランにも「招待(しょうたい)」してくれた。現実(げんじつ)には、アルフレッド大おじさんに連れていってもらった店だ（そのときわたしたちは、ドイツ国防軍ヴェーアマハトの上級将校たちに話しかけられ、いっしょにひとときを過ごしたのだ。わたしたちは三人ともユダヤ人、しかもひとりはレジスタンス運動のメンバーでもあったとは、将校たちは思いもよらなかっただろう）。

でも、いちばんすばらしいディナーを「ごちそう」してくれたのは、メリカ・ブルガさん。

赤みをおびた燃えあがるような髪の、大がらな人で、あらゆることを見てきて、なんでも知っていた。

ブルガさんのおかげで、わたしたちは超高級レストラン「マキシム」や「トゥール・ダルジャン」[*]を、はじめて知った。そんなところに行くお金は、わたしたちのだれにもなかったので。

わたしはデザートの「小さなシュークリームの山、チョコレートソースがけ」をほおばっているつもりでいるうちに、いつのまにか、ねむってしまう。

訳注（＊）　どちらも伝統的な最高級フランス料理の店。

空想レストランの給仕長の、やさしいまなざしに包まれながら。

朝、目ざめてからも、わたしはごきげんだ。アイディアいっぱいのママが、『はい、今朝のトーストとジャムよ』と言って、じょうずにもてなしてくれるから。

それは生のスウェーデンカブのうす切りに、ゆでたスウェーデンカブをのせただけのものなのだけど。

Ⅲ　腐ったにおい

肌を刺すようなきびしい寒さがやってきた。

わたしたちは貴重な衣服のリストを作った。いちばん足りないのは靴だった。

このころ、作業班はドイツ軍のブーツを解体する仕事をしていて、わたしたちにブーツの底の部分を持って帰ってきてくれた。それに紙をつめると、木靴のようにはくことができる。

とはいえ、紙もなかなか手に入らなかったので、作業班の人たちは軍服のカーキ色の布も持ってきてくれて、それで靴のなかにはくフットカバーみたいなものを作った(ただ、その布は前線からもどってきた軍服のもので、血がこびりついてよごれていた)。

靴は重くて、すこし足を引きずるようにしてしか歩けなかったが、とにかく、そのおかげで足をぬらさずにすんだ。

布といえば、端切れはとっておいて、そこから一本一本そっと糸をぬき、なにかを繕わなければならないときに使った。

みんな小さなぼろ切れも持っていて、トイレでおしりをふくのに使った。使ったあとは、洗ってだいじにポケットにしまう。

トイレは、わたしたちのバラックから遠かった。赤痢になってしまったときには、ほんとうに速く、速く、速く走らなければならないこともあった。

とても大きな木のテーブルのようなものの両側に、三十個か四十個ぐらいの穴があいていて、そこにすわって用をたす——それがトイレだった。

夏にはハエが飛びまわり、いたるところにとまる。

収容されている人たちはどんどんやせていき、這うようにしながらも、たびたびトイレに行くようになっていた。それでわたしたち子どもは、穴の周囲をまわって、痔になっている人や、やせすぎて腸が出てきてしまいそうになっている人の数をかぞえた。そんなことが遊びだった。それで時間をつぶすこともできた。

収容所は満員になり、バラックが足りなくなって、わたしたちの収容区とトイレのあいだに広がっていた土手にも、つぎつぎ新しいバラックが建てられていった。

背中に文字のあるぼろぼろの服を着せられ、強制労働させられている人たちのなかに、ひとりフランス人の男の人がいるのを見つけた。うれしかった！

それでわたしたち子どもは、見張り番に見つからないように気をつけながら、ふたりか三人で、その人が働いている収容所内の土木工事現場へ会いにいった。

その人は板や釘を使って働いていたが、指はあかぎれだらけで赤くはれ、見ているだけでつらかった。

そこでわたしたちは、それぞれおかあさんにたのんで、毛糸の切れはしや服から取った布地をすこしもらい、指先が出る手ぶくろのようなものを作って、その人にこっそり持っていった。

ところがその人は、犯罪者だったとわかったのだ。あらら！　わたしたちはその後、けっきょく会いにいっているのが見つかって、もうその人のところには行かなくなった。

犯罪者は、収容所にあふれるほどいた。そのなかから、わたしたちを見張る囚人班長「カポ」になる人たちもいる。

カポはいつもいい服を着て、食べものもしっかりもらえ、前線に行ったドイツ人兵士たちのかわりをする。

男のカポもいれば女のカポもいて、みんな鞭を持っていた。

女のカポは、上等のストッキングで脚を包んで、やわらかな革のブーツをはいていた。たいてい、ドイツかポーランドのきれいな娘たちだった。

みんな中央の通りをいばって歩き、女の囚人たちの集団をいくつも監視して、急がせたり鞭で打ったりする。

インフルエンザにかかった女の人は、カポたちにつまみ出され、たおれるまで鞭で打たれた。

死んだ人たちが、そこらじゅうにころがっていた。

死体焼却場の煙突からは、いつも煙があがっていた。

ベルゲン＝ベルゼンに着いたとき、はじめは独特の変なにおいにびっくりしたものだが、もう気にならなくなっていた。

それは人間の肉が焼けるにおい、人間の肉が腐ったにおいだったのだ。

腐ったといえば、わたしもすこしそうなっていた。膿痂疹（とびひ）が両手いっぱいに広がってしまっていた。指と指が、かさぶたでくっついてしまい、水かきができたようになった。指をまげることもできなくなって、食事はママに食べさせてもらった。

とびひは広がり、耳も両方ともぼろぼろになった。

ママは、荷物のなかにとっておいた毛抜きで、かさぶたを取ってくれた。

わたしは大声を出した。かさぶたが髪の毛のなかにもたくさんあって、まわりの毛を切られたからだ。

刈るのだけはやめて、いやよ、刈るのだけはやめて。

わたしたちは診療所へ行った。

ギリシャ人のアラルフ先生が、身を粉にして動きまわり、垢とシラミと膿を前に、注射をし、けずり、切りひらき、はぎ取り、縫いあわせ、切り落とし、なおしてくれた。どんな傷でも、使う薬は、大きな金だらいに容器ごとバラバラ投げこんである緑色の軟こうだった。それを痛むところにぬり、紙テープでおおって、あとは運を天にまかせる。(1)

それにわたし、どうしちゃったんだろう？　しょっちゅう、おしっこをしたくなって、それがまた焼けつくように痛い。五分おきに収容所のはしまで駆けていく。

ママを見つけられず、どうしたらいいかわからなくて、ふと泥のあいだに見つけた水たまりの前で下着をおろし、おしりを水につけたこともあった。それですこし楽になった。

原注（1）　戦争に決着がついて収容所が解放されてから、アラルフ先生は、オランダのユダヤ人に対する献身をたたえられ、オランダのウィルヘルミナ女王から感謝の勲章を受けた。

ある晩、わたしたちは、おそろしい爆音で目をさました。イギリス・アメリカ連合軍の空襲だ。

連合軍は、収容所自体を爆撃しないよう、四すみにまず照明弾を落とした。そのたびごとに、バラックのみんなが「よし」「よし」と言い、わたしも心の奥ではそう思ったけれど、とにかくこわかった。

爆弾がさく裂し、高射砲が反撃するたびに、体の奥底まで震えがくる。

わたしはママにしがみつき、ママは両腕でぎゅっと抱きしめてくれる。わたしの心臓が大きく鳴っているのが聞こえると、そのたびに、もっと強く。

ああ！　ママのお腹にまた入ってしまいたい。こんなに小さいこのベッド、足もとにはかばんがあって、ママとふたりで寝ていて、こんなにせまいから、どちらかが寝がえりをうつたびに目がさめてしまうけど、ここに、もっと奥に、もぐりこんでしまいたい。シラミだらけのこの藁ぶとんのなかに、もぐりこんでしまいたい。そして爆撃機のエンジン音を聞かないでいたい。

バラックはこまかく揺れた。窓がつぎつぎ割れた。

この爆音が希望につながるとわかってはいたけれど、わたしは息ができないほどこわかった。

爆弾は、まちがってひとつ調理場に落ちた。それで食事のあれこれが、すこしめんどうなことになった。しょうがない。

でももうひとつ、死体焼却場にも落ちた。やった！

でも死体焼却場を作りなおしているあいだにも、死体はどんどんたまっていった。それで穴をほって、消毒と消臭に石灰をまき、そこに入れた。

たくさんの死体が、毎日、中央の通りを運ばれていった。死んだ人たちのシャンゼリゼ大通りみたいなにぎわいだ。

収容区から収容区へ、二輪の荷車が「積み荷」をさがして行きかう。

「積み荷」は真っ裸で、すみのほうから薪みたいにどんどん積みあげられていく。それから、腕やら脚やらをつかんで荷車のバランスをとるのだけど、すぐにいっぱいになってあふれそうになる。

頭が、手が、足が、そこここからはみ出てぶらぶら揺れ、もつれあい、巻きつきあい、ねじれあう。

そんな荷車が通っていくのを、わたしは毎日ながめていた。

荷車を引いているのは、しまの囚人服を着て、はだしで、疲れきっている人たち。

あしたはこの人たちが、荷車のなかにいるかもしれない。

だって、ほら、いま荷車にいるこの顔は、きのう生きているところを見た人だ。

死んでしまうと、だれもが、なんてこわい顔になるんだろう。みんな顔をしかめている。

頭を起こしたかっこうをして、つめたくなった目でわたしを見すえている顔があった。

わたしはほほえんであげた。

さよなら、死んだ人たち。またどこかでね。


雨がふると、屋根にあいた穴という穴から水が流れてきて、藁ぶとんがぬれる。

食糧の配給は、さらに減った。

痛いっ、胃けいれんだ！　なんて苦しいの！

わたしの胸はそげ落ち、あばら骨がつき出てきた。それなのにお腹ときたら、なんて大きくなったの。なんてふくれてるの！

ちっちゃなジョゼット・ヴェイユは、そんななかでも、もちこたえていた。金髪で、すきとおるように白い肌をして、じきに死んでしまうと思われていたけど、みんなお人形のようにかわいがっていた。おにいちゃんのジャン＝ジャンも、わたしも。

「トリュケット」さん[＊]の女の子も、だいじょうぶだ。いまのところは。

ローズ＝マリーは、若々しいままだった。ほかの女の人たちは、肌も見た目も、どんどんくたびれてきていた。いちばん変わってしまったのは「ペルなんとか」さんと、マドロンとママ。収容所生活がいちばん長くなってしまった三人だ。

ママをじっと見ていると、わたしのママが、だれか知らないと入れかわってしまったみたいに思えた。

訳注（＊）「トリュケット」はフランス語で「ちょっとしたもの」という意味。名字をもじって、そうよんでいたようだ。

このころ、みんな、よく大笑いが止まらなくなった。看守(かんしゅ)たちのかげで、聞こえてもわからないような冗談(じょうだん)や駄(だ)じゃれを言ったとき、なにか幸せな思い出がよみがえってきたときに。それになんでもないようなことでも、笑いだしてしまう。

そしてなんでもないようなことで、泣きだしてしまう。

なんでもないようなことや、スープのことなどで、ときには女どうし、つかみあいのけんかになることもあった。でも、そこでおしまい。その場だけ。

収容所(しゅうようじょ)の女の人たちは、自分自身ではなく、自分の子どもたちを守って生きていた。

Ⅳ　雪

引っこしをすることになった。急いでべつのバラックに移(うつ)らなくてはならない。自分たちの荷物と、病人と赤ちゃんたちと……ベッドも運ぶのだ。すごく重くて背(せ)の高い三段(だん)ベッドも。

一台のベッドを、四、五人から六人で運ぶ。それでもたいへんで、みんな、はあはあ言う。

「また背中がバキッていったわ」ママが小さい声で言った。

わたしはびっくりした。ママは痛いとか具合が悪いとか、ほとんど口にしたことがなかったから。

え、じゃあママも、わたしとおんなじように、ほんとはつらいの？

わたしはママが、腫れたのどの消毒を人にしてあげたり、指先から化膿してくる「ひょうそ」の手当てをしてあげたりするのばかり見てきたために、ママ自身の健康のことは、いつのまにか考えなくなってしまっていたのだ。

でもママは、いつも頭を働かせ、自分のお腹が痛くなったときには、朝の「コーヒーもどき」を飲むのを二回あきらめて、かわりにそれで痛むところをあたためた。それですこし楽になったと言っていた。

引っこしたバラックに、もうテーブルはなかった。ベンチさえなかった。

わたしは、ドイツ語がだいぶわかるようになっていた。

ののしりのことばも、わかってしまうようになっていた。

食堂、シャワー、寝起きするバラック、作業班、どこに移動するときも必ず、こんなことばを浴びせられた。


ほら行け、行け、ユダヤのブタども！（ロス、ロス、シュヴァイン　ユーデン！）

早く、ユダヤの雌牛らめ！（シュネル、ユーディッシェ　クー！）

出ろ、けがらわしいの！（ラウス、シュヴァイナライ！）

五人ずつだ、ちくしょう、このクズ！（ツ　フュンフ、シャイセ、シュムーツシュトゥック！）


お腹がすいた。ママ、わたしお腹すいた。

でもあの小さいジャン＝クロードは、やっぱり食べようとしていなくて、わたしはかみついてやりたいほどだった。

ほかにも、赤ちゃんにねばり強く食べさせようとしているオランダ人の夫婦がいた。赤ちゃんには発育上の障害があって、まだ生後十か月ぐらいにしか見えないのだけど、ほんとうはその倍の年齢の男の子だという。

おかあさんは、スウェーデンカブをできるだけこまかくすりつぶして、アヒルのくちばしみたいに開いたその子の口に、すべりこませる。でも、それがそのまま口から流れ出てきてしまう。

つぎは、おとうさんがやってみる。赤ちゃんはやっぱり、ベーッと口からたれ流すだけ。毎日そのくり返しだ。

食事に、家畜用の生のビーツが配られた。スウェーデンカブとはちがうカリカリしたかみごたえに、すこしだけ気分も変わった。

ママはこの二種類のかけらを、わたしのアルミの器のなかで混ぜあわせた。

スープの大なべはあまりに重くて、運びながらこぼしてしまうこともあった。

ああ、もったいない、割りあて分が減っちゃった！

障害のあった赤ちゃんは、なんでもかんでも吐きだして、けっきょく死んでしまった。

その亡きがらは、ほかのたくさんの遺体のなかで、なんと小さかったことだろう。

ママ、わたしお腹すいた。
ママがよくわかってくれるように、わたしは毎日言いつづけた。

となりの収容区は、男の人たちでいっぱいだった。どこから来た人たちなのかは、わからなかった。

ベルゲン＝ベルゼンには、収容所としてのこれといった受けもちがなく、いろんな宗教の、いろんな国の人がいた。

どの収容区、はなれて建つどのバラック群にも、それぞれの規則があった。多かれ少なかれ、身の毛のよだつような規則が。

わたしたちのところは「少なかれ」のほうで、かなりましだった。

まわりの収容区は、「多かれ」のほうだった。

わたしは、自分のバラック群のまわりをぶらぶらしているあいだじゅう、見ていた。

むこうの人たちが、ひっきりなしに、棒でなぐられながら動きまわっているのを。

そのたびに、悲鳴が聞こえる。人がたおれるのが見える。

夜は、しまの囚人服をぬいでバラックのまんなかに置き、真っ裸で寝なくてはならないとのことだった。そうすれば、朝になって死んでいても、服をぬがせる手間がはぶけるから。

死なずに目をさました人たちは、ズボンの山から、はじめにつかんだものをはかなくてはならない。赤痢にかかってトイレをがまんできない人が、はいたものかもしれないのに！

あるとき、ローズ＝マリーと息子のミシェルと外に出たら、鉄条網のむこう側の、すぐそこのところに、死んだ人が四人、真っ裸で、丸刈りの頭を壁につけるようにして、地面に寝かされ、死体焼却場に運ばれるのを待っていた。

ローズ＝マリーは反射的に、ミシェルをつかんで、くるりと向きを変えた。

わたしはびっくりして、ふたりを見た。

そんなのおかしい、だってミシェルはもう三歳。慣れなくちゃ。


ママ、前よりもっともっとお腹がぺこぺこ。

冬は早く来た。

点呼ですっかり冷えて帰ってくると、わたしはママのそでを引っぱった。

「お腹すいた。ねえ、わたしお腹すいた」

シャワーに行くには、例の中央の通り、ドイツ語で「ラーガァシュトラーセ」を歩くので、左右に広がるぜんぶの収容区の前を通っていく。女の人たちがいる、男の人たちがいる、また女の人たち、男の人たち。いまではあちこちに、ホームレスみたいにうろうろしている人たちもいる。地べたで小さいぼろきれのかたまりが、かすかに動いている。

一時間後、そのかたまりはもう動いておらず、荷車を待っていた。

シャワーに行くとちゅう、自分のバラックに入れなくなった男の人を見たこともあった。ドアが開かないのだ。その人は足をふらつかせ、ぼろを引きずるようにまとって、ドアの取っ手をつかんで揺さぶりながら、子どもみたいにわあわあ泣いていた。「開けて、開けてくれ」涙声で叫んでいた。「入れてくれ、おかあさん、おかあさーん」

そして泣きに泣いた。

まるでわたしがころんだときみたいに泣いていたそのようすが、あまりに強烈で頭からはなれず、シャワーの入り口でSSのこん棒にぶたれてはじめて、わたしは飛びあがり、われに返った。

こん棒でぶたれるのは、はじめてではなかったのだけど。

帰り道、その人は、もういなかった。

またべつのとき、地面にたおれていた女の人たちが、わたしたちにすがりついて、わたしにはわからないことばをつぶやいたこともあった。

ああほんとに、もうじきここは、ポワチエ収容所のあのウジ虫と同じぐらいびっしり、死にそうな人たちが地面でうごめくのでは……。

となりの収容区の男の人たちは、ほぼ一度も食事を与えられておらず、その晩、死んだ仲間のひとりを食べたのだという。

「ほんとうの話よ」

声をひそめて、わたしの仲間たちはそう言った。

寒かった。あっというまに冬が、雪を引きつれてやってきた。

食糧の配給が減っていった。

バラックのなかでは、まんなかで大きなストーブがシューシュー音をたてていた。わたしたちは先を争うようにして、その上にあらったばかりの下着やハンカチを広げた。だれもが、着古したシャツをほすための、ささやかなスペースをほしがった。洗剤なしで、氷を割った文字どおりの氷水であらったシャツを。

また引っこすことになった。新しく建ったバラックのひとつに移るのだ。三段ベッドは、運ぶたびにどんどん重くなるみたい！

運ぱん作業が終わるまで、わたしたち子どもは元のバラックで、みんなストーブのまわりに集まっていた。

そこへSS隊長が入ってきて、わたしたちを見つけると、かっとなり、「出ていけ！」と命令しながら、こん棒をふりあげた。

ぱっと動けなかったわたしは最後になってしまい、こん棒が命中した。

ああ！　焼けるようなあの背中の痛みを、わすれられることなんてあるだろうか？

わたしは歯をくいしばって雪のなかに逃げこむと、痛みと、叫びだしたいほどの怒りと屈じょくと、ほかにもわけのわからない思いで、泣いてしゃくりあげながら、ころげまわった。

ああ！　ママ、ママ、どうして？　どうしてこんな目にあわなきゃいけないの？

引っこしの最中、ママは雪のなかで、黄色いホウロウの深なべのようなものを見つけた。

なんというれしさ。まさしく宝もの、この深なべは。

まず、夜中に用をたすのに使える。

わたしたちは内臓が下がってきていて、おかげで夜中に何度もトイレに行きたくなるのだけど、外に出るのは禁止されているから、バラックのすみの用たし場でする。

でもそこは、すぐにあふれてしまうのだ。

それから、毎朝、顔や体をあらう洗面器としても使える。

そして、夜にそなえてスープをすこしとっておきたいときにも……。

顔や体をあらうといえば、ママは毎朝、わたしにきちんとあらうように強く言った。氷水は冷たすぎ、ぎゃくに焼けつくように痛くて、わたしは大声をあげた。

でもママは、ゆずらなかった。

「体を……それから頭も、しゃんとさせておくには、こうするしかないのよ」

わたしは顔も体もあらいたくなかった。痛すぎたから。

ママがそうさせようとするのは、いじわるだからなんだ。わたしのことは、ほっといてよ。それよりわたしは、お腹がすいてるの！

でも……。

ある日、バラックのまんなかで女の人がふたり、外に出たみんなを待ってすわっていた。年とった人と若い人。おかあさんと娘だ。

ふたりはそこで、わたしたちの目の前で、いまにも死んでしまいそうだった。死んでしまわないように、ふたりは運ばれ、わたしたちみんなの前に連れだされたのだ。

不潔さから死んでしまわないように。

そう、そんなことがあるのだった。

ふたりともうつろな目をして、体じゅうシラミに食われてしまっていた！

みんなは遠くから、腕をのばし、つまさき立ち、体をこわばらせて、ふたりの服をぬがせ、体をあらい、全員から集めた衣類を着せた。

それからふたりの髪を刈ろうとしたのだけど、それはむりだとわかった。腐った髪やよごれやシラミの幼虫が分厚く頭にこびりついていて、頭がい骨がどこなのかわからないほどだったから。

みんなは、それらをできるかぎりはがそうと、こすり取ったり、はさみで切ったりした。

ああ、そうなのだ、あわれなこのふたりは、生きようとするのをやめてしまっていた。屈服し、降伏し、棄権し、見はなし、放棄し、あきらめてしまった。

生きのびるには、「なんとしても生きのびよう」と思わなくてはならない。

でもそれは、だれにでもできることではないのだ。

わたしはこの救出劇を、じっとながめていた。目の前でくり広げられる大がかりな光景に、すっかり心をうばわれていたが、そのうち、ちらりとママを見た。朝、いじわるだと思って腹がたったママを。

頭をしゃんとさせておくにも、体をあらわなきゃいけないなんて……と、あのときは思ったけれど（けっきょく娘さんのほうは助かった。おかあさんは、まだ四十歳にもなっていなかったのに、それからまもなく衰弱して亡くなった）。

どこもかしこも雪、深い雪、叫びも涙も命も消してしまう、白い雪。

雪をほって、道を作る。雪に、むくんで重い両足をとられるのを、なんとか引きあげる。

雪のなかに、たおれる。

このわたしが、もう雪合戦も雪だるま作りも、したいと思えなくなるなんて……。

点呼――炎天下の、ぞっとするような、いつまでも続くあの点呼。でも雪のなかでは、もっとつらい。一時間、二時間、三時間、まだまだ続くが、動いてはならず、おそろしく空腹で、鉛色の暗い空の下、雪はつもり、日ごとに高くなっていくよう。

寒さが足から、手からのぼってきて、頭からはおりていき、体じゅうに広がって、あちこちがしびれ、関節がこわばり、やがて動きたくても動けなくなる。

全身をはげしく痛めつけ、気力をくじくあの寒さ。

人数があうまで、動いてはならない。

たおれた人たちに、さわってはならない。

背すじをのばして「気をつけ！」、SSがまた通る。

「アイン、ツヴァイ、ドライ、フィーア、フュンフ」

「アイン、ツヴァイ、ドライ、フィーア、フュンフ」

「アイン、ツヴァイ、ドライ、フィーア、フュンフ」

（ドイツ語で一、二、三、四、五）

わたし、もうだめ、ママ。寒い。お腹すいた。痛い。指も鼻も、もげちゃいそう。
わたし、あなたの子どもでしょ、なんとかしてよ。なんにもしてくれないなら、もう
わたしのおかあさんなんかじゃない。きらい。ねえ、寒いんだってば。

たおれた人たちに、さわってはならない――。

でもママがそこに、わたしの目の前にくずおれて、足にも手にも頭にも、雪をいっ

ぱいかぶっている。雪がひとひら、ほっそりした高い鼻に降りかかって、くちびるは真っ青だ。

ママ、ママ、大好きよ、ママ、目を開けて、ママ、死なないって約束して、ママ。

それでも待たなくてはならなかった。ほぼ一時間、点呼が終わるまで、ママにさわれるようになるのを。

ああ！　ママが目を開けたとき、その目はなんて美しかったことだろう！

おそろしくつらい外の寒さからもどってくると、バラックのなかはまだあたたかく感じられたが、こんどはそのせいで、すさまじい痛みが手足に走る。強烈に脚がつる。足の指という指がちぎれるかと思う。そこにまだちゃんと血がかよってる？

わたしはありったけの力で、こぶしをにぎりしめて、足をなぐる。なぐった痛みで、寒さからの痛みがまぎれるように。でも痛くて泣いてしまう。顔がゆがむ。

すこしでもあたたかくなるかと、足の親指を吸ってみたこともあった。さきに口が、冷えきった。

V　チフス

配給がますます少なくなってきた。

収容所の入り口の兵舎には、宿直して警備にあたっているドイツ兵たちがいるのだが、そのドイツ兵たちの食事でさえ、量が少なくなったとのこと。しかも食事と呼べるものが出るのは、日に一度で、夜はパンとなにかだけだという。

ああ！　その「なにかだけ」でいいから、わたしにちょうだい！

ママはポケットの奥に、いつも古いヘアピンを一本入れていて、わたしたち子どもをつかまえると、有無を言わさず耳そうじをした。

子どもたちを清潔にしておくこと――それが、ママの頭からはなれない思いだった。

わたしは、急にお腹の右側がひどく痛くなった。

そして何日たってもなおらなかった。

どうしようもなくて、ママに言った。

ママは急いで、わたしを診療所に連れていった。

ぬり薬の入った金だらい、たくさんの紙テープ、膿や水ぶくれ、あらゆる種類の傷。部屋のすみは、生きていながら死んでいるような人たちでいっぱい——診療所のなかはあいかわらずで、わたしはそれだけでよけい気分が悪くなった。

ギリシャ人のアラルフ先生は、わたしを手で診察し、急性盲腸炎だときっぱり言った。

「手術したいところですが、そう重症でもないようなので、このままがまんできるようなら、収容所が解放されるまで待ってみましょう。ここの設備も器具も、ご覧のとおりですからね……！」

たしかに、「これじゃ手術中に死んじゃいそう」とわたしは思った。それに、もしそこで死ななかったとしても、そのあとどうやって回復させてくれるというの？　スウェーデンカブの注射で？

手術室を見たあと、けっきょく痛みは引いていった。

それに、パパは二十歳から周期的に盲腸になっているけど、軍事病院の院長だったギュスターヴ・ヴォルムおじさんは、一度も手術をしようとしなかったのだ。
「頭痛（ずつう）がするからといって、頭を切ったりしないでしょう。それと同じですよ」と言って。

というわけで、わたしは収容所が解放されるのを待つことにした。

でも、ほんとうにそんな日がくるの？　収容所が解放されるなんていう日が。

ぞっとするようなこの診療所にも、大きな喜びがわきあがったこともあった。

S（エス）夫人が、夜中にかわいい女の赤ちゃんを産んだのだ。

ママは、「もっとたいへんになったときのために」と言ってずっと取っておいたチョコレートを、ひとかけら持って、Sさんのお見舞（みま）いに行った（1）。

わたしは興奮（こうふん）した。ついこのあいだまで、自分はカリフラワーのなかから生まれてきたと思っていたのだから。

原注（1）　夜間の外出は禁止（きんし）されていたが、ママはS（エス）さんのためにお医者さんに会いたいと言って、ドイツ人のバラック長につきそってもらい、診療所（しんりょうじょ）に行った。

男の子はキャベツのなかから、女の子はバラの花から、そしてわたしみたいにちょっとおてんばな女の子は、カリフラワーから生まれる。そしてユダヤ人の赤ちゃんは、収容所で生まれるわけだ。まったく筋が通っている。

わたしは、ママが診療所から帰ってくるのを待ちかまえて聞いた。

「ママ、お産に立ちあったの？　赤ちゃんが出てくるところ、見た？」

「ちょうど解放されたところに着いたのよ(*)」

ママはよくわからないことを言った。

解放だなんて、ママったら、なに言ってるの。

解放なんてされていないし、わたしはお腹がぺこぺこなのに！

雪。寒さ。空腹。衰弱。

自分の脚が、両方ともどんどん腫れて赤くなり、ひび割れてきたのに気がついて、わたしはおどろいた。お腹もふくらむ一方だ。それなのに下痢のせいで、日に日に自分のなかが空っぽになっていく！　そして空っぽになるほど、外側はふくらんでいく。

肩のあたりは、やせてガリガリになってきたけど、背すじはのばすようにしている。ユダヤの星をはじめてつけたあの日、ママに言われたとおり、わたしはいつも胸をはっている。

星は、ほんとうなら、きらきら輝くのに。

わたしの星は、どんよりくすんだ鉛色だ。

発見したこと――わたしのとびひは水ぶくれみたいになり、破裂してなくなったけど、ママのはゆっくり大きくなって口をあけ、中身があふれ出し、いたみかけてとても食べる気のしないお肉みたいになって、ママをひどく痛がらせた。

手も腕も脚も、そこらじゅう、種をまいた畑みたいだ！

高熱が、収容された人たちをつぎつぎ打ちのめし、ほぼぜんぶの収容区に広まり、わたしたちのバラックにもしのびこんだ。

訳注（＊）フランス語では「解放」と「分娩」は同じdélivranceという単語が使われる。

最初にかかったのは、若くきれいで健康な女の人だった。熱が四十一度ぐらいまで上がった。

みんな心配して見まもったけど、その人はかっと熱い体のまま、うわごとをくり返した。わけのわからないことを口走り、ひっきりなしに体を動かした。

この高熱の正体は、チフスだといううわさが広まった!!

そしてそのうわさは正しかった。

チフスはわたしたちに襲いかかった。だれもまるで知らなかった、おそろしい病気。熱は四十一度かそれ以上まで上がり、気が変になってしまったかと思うほど幻覚を見るらしく、そのあと一時的に目が見えなくなったり耳が聞こえなくなったりして、それがそのままなおらないこともあるという。

うつるのは、体ジラミから。背中に鉤十字みたいなもようのある、あのドイツ野郎のシラミからだ。

それでもわたしたちは、毎朝手でシラミを取りあっていた。なにがあっても、どんな天気でも、自分たちの着ているものを一枚ずつ調べた。

シラミはとりわけ縫い目にいる。ポケットの底とか、えりの裏などで、黒くなったすみにかたまっていたり、細長い帯状になっていたりする。

それをプチッ、プチッと両手の親指のつめでつぶす。

きょうはまだ三十ぴき、きのうは五十ぴきやっつけたのに！

あ、わたしから逃げていったそいつ、つかまえなくちゃ。

「ああ、やだ！」となりの人が叫ぶ。「わたしの上で跳ねた！」

シラミに刺されることで、このおそろしい病気はうつるから、頭ジラミもやっつけなくてはならない。それで、せっかく髪がすこしのびてきても、すぐまた切られてしまう！

髪にはシラミの卵がくっつきあってこびりついているので、プチッ、プチッ、プチッ、これも両手の親指のつめでつぶす。

わたしはもう何年も、丸刈りにされた頭をたくさん見てきたので、長い髪にあこがれていた。そして自分の髪にハサミが入るのを感じると、そのまま刈られてしまう気がして、体がふるえた。

丸刈りにされるのがあまりにこわくて、ちがうと思ってもこわさが消えない「強迫観念」のようになっていたのだと思う。

チフスは猛威をふるった。伝染病だった。

若くきれいだった人は、死んだ。

特別待遇を受けていたわたしたちのバラックから、はじめて出た死者だった。

ユーゴスラヴィア人の友だち、イヴァンは、とても若くて感じよく、チフスでも死なずになおったのだけど、片目をうしなった。

パンは、ひとり分ずつ巻き尺ではかって切る。週にひとり二センチだ。

洗面台は金属製で、家畜の飼い葉おけみたいだし、水もほんのすこしずつしか出ないか、止まるか、こおりつくかだけど、ＳＳに見張られながら、わたしたちはそこで顔や手足をあらった。

そこでママが、あのたいせつな深なべもあらっていると、収容されているオランダ人がひとり駆けよってきて、なべを引ったくろうとした。

ふたりはなべを引っぱりあった。わけがわからず、ことばも通じないまま。

そこへ、その人の奥さんが駆けつけた。奥さんはすこし英語が話せて、ママもそうだったから、たがいに事情を話した。

オランダ人夫婦は深なべをなくし、取りもどしたがっていたのだ。元の持ちぬしで、いまも必要としていた。

ママは、もしかしたらこのなべが、わたしの命を救うかもしれないと考えていた。下痢が続いて、毎晩苦しんでいたから。

生きのびるには、考えなくてはならない。なにかをしたほうがいいのか、しないほうがいいのか。いちばんいいのはなにか、より悪くないのはなにか……考えなくてはならない。

ほんとうにささいな物、ささいな決定が、意味を、それも大きな意味をもってくることがあるからだ。わたしたちのこの特殊な世界では。

ママは決めた。

砂糖のかけらがまだすこしある。この夫婦には子どもたちがいる――。

考える。生きのびるために……。

夫婦は砂糖を受けとり、わたしたちは深なべをわたさずにすんだ。

ママの脚のおできは、ずっとなおらず、毎日さらに口があいていった。

いまでは、まっ白な骨が見えている。

ソ連軍が侵攻してくるにつれて、その進路上にある一部の収容所が閉鎖された。

そのため大勢の人々が、アウシュヴィッツからベルゲン＝ベルゼンに向かった。歩いて。

衰弱していた人たちは、とちゅうでたおれた。移動がとどめとなったのだ。

というわけで、ある日、わたしたちのとなりの収容区が、かつて女だったらしい人たちでいっぱいになった。

うわさが流れてきた。前にドランシーで、ボーヌ＝ラ＝ロランドで、ピチヴィエで、わたしたちといっしょだったフランス人女性がいるという。

わたしたちは駆けつけた。

そこにいたのは……やせ細って青白く、丸刈りにされているか、それに近い頭で、しまの囚人服を着せられ、腕には入れ墨をされ、はだしでじかに木靴をはいている人たちだった。

そのなかに、ファニア・ペルラさんがいたのだ。褐色の髪をたっぷりしたみつあみにして、輝くようにすてきで、わたしたちにダンスを教えてくれたペルラさんが。

あの髪が、いまは二センチほどしかなく、灰色になってしまっている！

わたしたちはたずねた。知りたかった。

鉄条網ごしに、質問と答えがすれちがい、もつれあい、ぶつかりあった。

「それで、アイムさんの姉妹は？」

「死んだわ、三人とも」

「ボールさんの一家は？」(1)

「みんな死んだ」

「ダニエルさん一家は？」

「死んだ」

じゃあ、あの人は？　この人は？

死んだわ。みんな死んだの。

「ジャニーヌ・G……は？」

「診療所で死んだわ。『モルモット』にされて……人体実験に使われたのよ」

(ジャニーヌはフランスをはなれたとき、二十歳の若さだったのだ。わたしはよくおぼえている。)

「じゃ、ギィは？」わたしは、おそるおそる聞いた。

「煙になったわ。文字どおりに」

わたしは金切り声をあげた。

「煙になった？　文字どおりに？　焼かれたってこと？」

「そうよ。子どもはみんな焼かれたの」

ああ、ギイ、黒いまつ毛にふちどられたあのきれいな青い目、あの目もなにもかも、炎に包まれて消えてしまったっていうの……。

わたしは寒くて腹ぺこで、赤痢とぼうこう炎と、とびひになっていて、おびえていて、背中は鞭で打たれたことがある。

でも打たれるなんて、数のうちに入らない。そう、わたしはなんと特別あつかいされているんだろう！　ああ神さま、なぜわたしが特別あつかいで、ギィはちがったのですか？

わたしは恐怖のどん底まで知っていると思っていた。でもそれは、まちがいだったのだ。

ママ、顔色が悪いよ。あの出発階段で、自分が手伝った人たちのことを考えている

原注（1）　五十年後、ナチスの罪を追究しつづけていた活動家、セルジュ・クラルスフェルト（一九三五―　）による『ユダヤ人の子どもたちの覚書』の三八五ページに、ボール家全員の写真を見つけた。なんという衝撃だったことか。

んでしょ。寒くないように、ママがくるんであげたり、ミルクや食べものをあげたりしたあの赤ちゃんたちのことを。湯たんぽや、やさしいことばであたためてあげたあのお年よりたちのことを。

いま、聞いてしまったものね。鉛で閉ざされた家畜車での、あのおそろしい移動のあと、ようやく扉が開いたと思ったのに、その二時間後には、死なずにがんばってきた人たちも殺されたのだと。

わたし、ママのことはよく知ってるから、こう思っているのがわかる。

〈あの人たちに、私はじゅうぶんなことをしてあげられなかった。ガス室や炎や、猛毒のフッ素やガソリン注射や拷問や、あとはなにがあったかもわからないけれど、そんなところに送られる前に、私があの人たちをどれだけ愛していたか、思い出してもらえるほどのことはなにも、してあげられなかった〉

ああママ、毎晩くっついて寝ているわたしは、知ってるからね。ママは、自分にできる最大限のことをしていた、と。

ママは、前にドランシーでいっしょにおしゃべりした、ウィーン出身の女の子に気がついた。

女の子はスカートを上げて、骨と皮ばかりになってしまった両脚と太ももを見せた。

「いやだ、あなた、下着をはいてないの！」

ああ、そうだったのだ、こんなに寒さがきびしいというのに、その子をはじめ、むこう側に着いた女の人たちは、ワンピース型の囚人服の下に、なにもはいていなかった。

わたしたちはバラックにもどって、自分の下着を、まだ持っていた靴下を、それにマフラーやセーターもさがし、見つけた分ぜんぶを鉄条網のむこうに投げた。

なにしろ彼女たちは、この寒さのなかで、布地張りのバラック、つまりテントのなかで寝なくてはならなかったのだ。


奇跡だ！

わたしたちのバラックにいるポーランド出身の女の人が、鉄条網のむこうに、自分の妹がいるのを見つけた！

妹さんは何年も前に、わたしもよく話に聞いていたユダヤ人居住区から逃げだして、行方不明になっていたのだった。

ああ！　自分たちが不平や不満を口にするとき、わたしはこうしたポーランドの人たちのことを考える。

フランスでは、この世のどこにでもいる「モンスター」みたいな人たちをのぞけば、たくさんの人たちがわたしたちに力を貸してくれたり、わたしたちを救ってくれたりした。主任司祭を先頭に、人々はときに命がけで、迫害されているユダヤ人をかくまってくれた。

ところがポーランドでは、ユダヤ人が逃げおおせたと思っても、主任司祭を先頭に、村じゅうでさがしだしてドイツ軍に引きわたしたという。

ポーランドのような東ヨーロッパ出身のユダヤ人は、なによりユダヤ人であることを重んじて、わたしたちに溶けこもうとしない。それがなにかと迷惑で、わたしはいつも腹をたてていた。

でも心の底では、そんな自分を、すこし恥じてもいた。あの人たちは、いったいどうやって溶けこめばいいというのだろう？　これまで一度も、だれからも望まれなかったというのに。彼らは暮らしている国のために、なにもしない。そもそも自分たちの国がない。そう、「無国籍者」なのだ。まず彼らに祖国をあげなくては[1]。

わたしには、祖国がある。たとえなにをされようと、なにを言われようと、わたしはフランス人だ。

そして、もしここで死ぬのでなければ、自分の国の自分の家に帰って、学校でまたカトリックやプロテスタントの友人たちと、机をならべて勉強するのだ。

わたしはフランスのユダヤ人ではなく、ユダヤ教徒のフランス人だから。

アウシュヴィッツで副官をしていたヨーゼフ・クラマーが、わたしたちの収容所の所長になった。規則も変わった。

チフスの猛威で、いたるところに死体があふれた。外も中も、どこもかしこも。

原注（1）それでも多くの人たちが、学位や社会的地位を得ることに成功して、国の名誉となっている。彼ら自身は、ぜひとも自分たちの国だと思いたいわけだが、国々のほうは、彼らに必ずしも誠実とはかぎらない……。

焼却場はフル稼働で、高い煙突からひっきりなしに煙が上がった。

人の体が焼けるにおい、人の体が腐るにおいが、収容区から収容区へ広がった。

焼却がまにあわない死体の山のために、巨大な穴がたくさん掘られた。そしてそれは「死体投棄場」と呼ばれた。

くる日もくる日も、死体をたくさん積んだ荷車がラーガァシュトラーセを通っていくのを、わたしは見ていた。荷車が通る回数は、どんどん増えていた。

トン！

ピラミッド状に積みあげられた上のほうから、死体が一体ころがり落ち、地面でこもった音をたてた。

係の人がふたり、落ちた死体に近づいて持ちあげ、荷車にもどす。係のふたりも収容されている人なので、衰弱した体には、やせ細った死体でも重いらしく、のろのろとしか動けない。

するとカポがやってきて、早くしろとどなり、こん棒でふたりをなぐった。

ひとりがたおれた。

カポはその腕をつかんで、荷車にほうりこんだ。

ああ、だめ！　まだ生きてるんだから、死体といっしょにしちゃだめ！

ああ、ひどい！　見ていられない。

わたしはトイレに駆けこみ、赤痢のお腹の痛みで体をふたつに折りながら、ここ何か月かの収容所生活で、はじめて、おぞましい仕打ちに怒りを感じていた。

でも、わたしはまだドイツ人のやつらに負けたわけじゃない！

わたしはその事実に、はっとして、思わず笑いだした。もっとも、笑ったのにはもうひとつ理由があって、トイレのとなりにいた女の人が、用をたしながらシラミも取っていたからだ。ふたつの仕事を一度にするなんて。すごくいいじゃない！

最後に引っこしてから、ママはバラック長補佐になっていて、ドイツ人のバラック長、ゾネンベルクさんのもとで働いていた。

わたしはこの人が大きらいだ。ユダヤ教徒であっても、そんなの関係ない。なによりドイツ人なのだ。この人のおとうさんは、一九一四年の第一次世界大戦で、わたしのおじいちゃんと戦ったらしい。ヒトラーがそれをどう思おうと、あの人がユダヤ教徒だろうと、知ったことではない。

とにかくあの人は、ガミガミどなりちらす。

わたしが「いいな」と思ったドイツ人は、気品のあったおじいさんとおばあさんのご夫婦だけで、わたしに祖父母のことを思い出させてくれた。

でも、ふたりとも死んでしまった。


チフスは、あらゆる人に襲いかかった。

大好きだったジャーナリストのピエールさんも、死んでしまった（とても話じょうずで、サイン収集家でもあった。第一次世界大戦で活躍したフォッシュ元帥(*)にサインをもらおうとして、元帥の馬にぶらさがったこともあったそうだ。元帥は、すばしこいこの少年に大笑いしたとのことだった）。

一方、おそろしい犯罪者で、わたしたちを棒でなぐったり、ののしったりしていたカポの隊長も死んだのだ。

ああ！　ほっとした。

ことだ。

オランダ人のある女の人が、わたしたちの体温計をこわしてしまった。なんという
体温計を持っているのは、もうX(エックス)のおばさんだけだ。それでママが借(か)りて、病気の
人に使わせてあげて……その人がこわした。

ママはやさしくていい人だから、こんなときでさえ、おわびに自分の一週間分のパ
ンを差しだした。

Xのおばさんは、平気で受けとった！

ママはあとで怒(おこ)った。あんなに怒ったママは、見たことがないほどだった。

お腹(なか)がすいたと、わたしがあんなに言ったこともなかった。

わたしはその朝から、胃けいれんでほんとうに苦しい思いをしていたのだ。

お腹がすいた、ママ、わたしお腹すいた。


訳注(やくちゅう)（＊）フェルディナン・フォッシュ（一八五一―一九二九）。フランスの陸軍軍人。第一次世界大戦で連合国軍総司令官(そうしれいかん)となり、連合国を勝利に導(みちび)いたとして賞賛(しょうさん)を受けた。

そう言うと、ママはいつも変な顔をしてわたしを見る。そんなふうに見たければ、見ればいい。でもわたしだって、ママを責めてるんだからね。お腹がすきすぎて、責めてるんだから。

VI　うわさ

日に日に、わたしは大きなうず巻きのなかで暮らしているかのように感じていた。それはどんどん速く、速く、速くまわるメリーゴーラウンドみたいで、速度のために小さな部品から大きな部品まで、はずれ、こわれ、四方八方に飛んでいってしまう。そして一時間ごとにも、混乱が広がっていく。

毎日、不確かなうわさがいろいろ流れた。

わたしたちは出発するのだといううわさが聞こえてきた。と思っていると、その話はもうそれきりになる。そして、新しい移送者たちがやってくる。

部隊や大砲や、見えない戦線の話も聞こえてきた。

SSたちはますますきびしく取りしまるようになり、カポたちはますますどなったりなぐったりし、収容されている人たちはますます死んでいき、わたしはますますお腹がすいた。

点呼、作業班、シラミ取り、スープ、赤痢でトイレ。

また点呼、作業班、シラミ取り、スープ、赤痢でトイレ。

死体の運ぱん、早く！

状況は、どろ沼化していた。わたしたちにとっても、あちこちの死体にとっても。

わたしの気力もなえていった。

もうじきわたしも死ぬんだ。シラミと飢えで——そう思うようになっていた。

もし死んだら、あの世で、わたしを迫害した人たちとまた会うんだろうか？

わたしたちは女の子どうしで、いじめあうようになった。

アルレットとモニックとわたしで、たがいにだましあった。

友だちの「赤毛くん」とは、つまらない話なんかではなく、心からの話をした。

「みんな、イスラエルの都エルサレムでぼくらを待ってるよ。祖先の土地だもの」

「そりゃあなたはもともとユダヤ人だけど、わたしはヒトラーが出てきてからのことだから。いつかあなたがむこうに行ったら、手紙を書くね。ほんとに。こんなふうに知りあったあとで、わすれられるわけないよね……！」

「太っちょレヴィくん」とは、フランスのアルザス地方の話をした。おかあさんといっしょにアルザスから連れてこられたばかりで、わたしたちのなかでは、いちばん新しい仲間のうちのふたりだ。農婦だったおかあさんはたくましく、健康なままといったようすだった。

「B家のおねえさんには、まだ生理がこないんだって！」

そんなひそひそ話も伝わった。ドイツ軍によるスープの中身が、いつもひどすぎるからだ。


チフスの猛威はあいかわらずだった。

がっしりして丈夫そうな人たち、最近つかまって、来たばかりの人たちほど、わたしのようにずっといる者より早く、あっけなくたおれた。

たぶん、わたしたちの体は長いあいだに、病気の強烈な攻撃にも慣らされたのだろう。前からいる人たちのほうが、よくもちこたえたのだ。

それでも、わたしたちの命の火もすこしずつ消えていき、わたしは自分の小さな炎がゆらめくのを、自分の命がたよりなくなっていくのを、恐怖とともに見つめていた。

シラミはやっつけるほど、刺されなくなる。だから、がんばってつぶす。プチッ、プチッ！

ギイが焼かれたのは、おかあさんより先だったのかな、それとも後？　もしかしたら、目の前で……？

ドイツ国防軍ヴェーアマハト（＊）のブーツをあつかっていた作業班のおかげで、わたしたちは軍用ブーツの底の部分を手に入れることができた。どうやってだかはわからないが、きっと何日分もの割りあてのパンと交換したのだと思う。

訳注（＊）　第一次世界大戦後の一九三五年から一九四五年にかけて存在したドイツの正規軍。ナチスの武装親衛隊は、この正規軍とはべつの組織だった。

そして軍服の生地では、フットカバーを作った。

合わせてはくと、力が入らなくなっていたわたしたちの足には、ひどく重かったけど、凍傷にはならずにすんだ。

それにしても、この脚は、なんて太い円柱みたいになっちゃったんだろう！　まだらで、まるで大理石もようの円柱だ――。

ぴったりのこの表現に、わたしはひとりでほほえんだ。

さて！　チフスのワクチン接種だ。兵士たちにまで流行が広がったことで、接種が決まったのだ。

衛生班が、バラックをまわった。三回分を一度に、胸へ直接注射する。

最初に注射を受けた女の人は、そのあと胸をたたきながら、五分ほども叫んでいた。

衛生班の男の人は、やせて形がくずれ、たれてしわのよったあわれな女の人たちの胸を、二本の太い指でつかみ、ブスリ！　十センチもある太い注射器の針で、一気に刺す。

注射のたびに、みんな同じ反応になる。

ママはわたしの顔つきを見て、言った。

「お膝にのる？　抱いててほしい？」

ううん、ひとりで受ける。おとなの人と同じように。

わたしは裸の胸をつき出した。ブスリ！　皮ふが引っぱられて、液体ぜんぶが流れこんだ。

わたしはぼう然として、立ちつくした。それからとつぜん、そこ、胸の左側に、引きちぎられるようなおそろしい痛みが走った。いったいなにが起きたの？　全身がもぎ取られ、切りきざまれるようだ。

わたしは自分の藁ぶとんに駆けこむと、身をふるわせながらころがり、のたうちまわった。よだれも流していたと思う（うわさによると、ワクチンにはよくわからない化学物質が混ぜられていたらしい。それであんなに苦しむはめになったうえ、けっきょく効き目もなかったのだ）。

バイ・ミール・ビスト・デュ・シェーン
これは　恋のことば

あなたは日の光より美しい
そういう意味

よく流行った歌のくり返し部分。最初がイディッシュで、あとはフランス語。(*)

バラックの仲間たちは、わたしにたくさん歌を教えてくれた。なかでも、とりわけきれいな曲が一曲あったのだけど、歌詞はわからなかった。(1)

スイスがあいだに入って、わたしたちはドイツ軍の戦争捕虜と交換されるらしいといううわさが広がった。

「ああ！」ママは言った。「ここから出たら、毎週、エステサロンに行くわ」

「自由な女性としての最初の食事は、おいしいカフェオレとクロワッサンね」

何人もがそう言った。

わたしたちは、夜になるとまたすてきな「レストラン」にでかけるようになり、わたしは「パテのパイ皮包み」というのをはじめて知った。

わたしは古びてかたくなった手帳を一冊持っていて、そこにレシピをいくつか書きとめていた。とくに、やわらかいキャラメルと、かたいキャラメルの作りかたを、だいじに思っていた。

でも、急いでほしい。パテのパイ皮包みの話をしてくれた人は、二度とそれを食べられなくなってしまったのだから。

なんて腹ぺこなんだろう。ママ、わたし、もうだめ。

だけど、それでも、舞台女優になる夢はわすれてはいない。

訳注（＊）　もとは同名（「バイ・ミール・ビスト・デュ・シェーン」）のミュージカルのなかの歌で、リズミカルでしゃれた短調のメロディー。

原注（1）　のちにこの曲がイスラエルの国歌となった。

「いい？　よく聞いてほしいの。スープをもっともらうのに、結婚指輪をカポたちにあげてる人もいるの。それは、もうちょっと待ってもいい？　パパと私を結びつけるものは、もうこれだけだから。指輪をあげなきゃいけなくなる前に、解放されるかもしれないし。それでいい？」

ママの結婚指輪。一心同体のパパとママ……。

収容されている人たちのなかで、結婚指輪を持っていられたのは、そもそも特別待遇のわたしたちだけだったのだ。

いいよ、ママ、スープと交換するのは、もうちょっと待とう。

ふしぎだったのは、つかまってからも、わたしたちはときどきパパからの手紙を受けとっていたこと。牢屋と牢屋のあいだでの、手紙のやりとりだったわけだ。

はじめてのときをのぞいて、わたしたちはドイツ語で手紙を書かなくてはならず、それが大問題だった。ドイツ語は、なんとか話せても、書けるかどうかというと……。ちょうどいいタイミングで、通訳できる人を見つけるのも……。

手紙を書こうとするたびに、ママは腹をたてていた。

もっとおどろいたのは、小包だ。パパや仲間の人たちは、自分たちあての小包から自分たちの分だけを取り、看守たちにお金をはらって、わたしたち、奥さんや子どもたちに、送ってくれていた。

そんな小包を、わたしたちは三つ受けとっていた（送られたのは、いくつだったのだろう？）。となりの収容区で収容されていた、ソ連の人が持ってきてくれた。その人は、トロツキーの甥とのことだった。トロツキーはロシア革命の指導者だったが、その後、失脚して暗殺された。

小包には大きな穴があいていて、ドイツ軍に半分とられていたけど、わずかに残っていたもの、たとえばタバコなどは、カポのスープと交換してもらえる貴重なお金がわりになった。

それから、不意に思い出したのだ。「神さまはわたしたちの運命を知ってるんですか？」とユダヤ教の指導者ラビに、聞いた日のことを。

それをB家のおねえさんに話したら、こう答えてくれた。

「そうねえ、神さまというのは、だれにとっても同じよ……。でもね、学校でいちばん仲のよかった友だちが、こう言ってたの。その子のおとうさんは、ドイツ軍に味方するヴィシー政権側の義勇隊に入ってて（＊）、『ユダヤ人に死を』と叫んでいたけど、日曜日は必ずミサに行くんだって。それでわたし、考えたんだけど、世界じゅうの軍隊と同じ数だけ、神さまはいらっしゃるんじゃないかしら。だってどんな軍隊でも、戦闘の前には神さまにお祈りするでしょう……！」

わたしたちの衣服は、ぼろぼろにすり切れていった。わたしたち自身と同じように。ママとわたしは、ダニエルおじさんがボーヌ＝ラ＝ロランドに送ってくれたズボンをずっとはいていたので、ズボンはすっかり型くずれしていた。

マドロンは、革の飾りがついた緑色のスキーウェアを、いつも身につけていた。それは、まだ胸にユダヤの星などついていなかった幸せな日々の、思い出の服なのだ。

わたしたちはベルゲン＝ベルゼンでも、ずっと星をつけていなくてはならなかった。

収容所は人であふれ、水がたりなくなり、なくなった。

手がべたつき、舌はかわいてカラカラだ……。

とうとうトラックが一台来たけれど、配られたのは、ひとり二十四時間分でコップ二杯だけ。飲料用も洗面用も合わせて。

そしてわたしはずっと、渦(うず)のなか、たつまきのなか、ノンストップで抵抗(ていこう)もできない大きな動きに、巻(ま)きこまれている気がしていた。

点呼(てんこ)がなくなった！

イギリス軍が近づいているといううわさが流れた。大砲(たいほう)の音も聞こえた。

いまは一九四五年らしい。

ということは、夏がきたらわたしは十二歳(さい)になるし、連合軍がノルマンディーに上陸してから、もう一年たったということだ！　ほかにはなにか思う？　考える？　でもなにを？　もちこたえること、がんばりつづけることを。もしここから出られるチャンスが残っているなら。

でもそんなチャンスは、日に日に少なくなっていく。

いや、でもスイスに仲介(ちゅうかい)してもらっての、捕虜(ほりょ)とのあの交換(こうかん)の話は？　わたしたち

訳注(やくちゅう)（＊）　徴兵(ちょうへい)されてではなく、自ら志願(しがん)して兵士となった者たちの戦闘部隊。

を国境で待ってるという何台ものトラックは？

ぜんぶ、ほんとじゃなかった。

ほんとなのは、空腹とシラミだけだった。

ママのポケットから出てくるいろいろな証明書、それらは「アォスヴァイス」と呼ばれていて、鉄条網のいくつかを、バラック長としてくぐっていける許可証だ。でもママは、いい知らせも、よぶんのスープも、むこう側から持ち帰らなかった。

たったいま、ここには何人、死んだ人がいるの？

Ⅶ　暴走列車

空腹の苦しみは、刃物のようにするどく差しこんでくる。

こんな堆肥みたいな藁ぶとんでも、眠ることができれば、そのときだけはわすれていられるけれど。藁ぶとんは、もうベッドの段の上にうまくのっていなかった。スープをあたためなおしたり、ぬるくても水をお湯にしたりする火がちょっとほしいとき、ストーブや外で、看守にかくれてベッドの板を燃やしていたからだ。

自分が眠っているのは、きたない犬小屋のなかみたいな気がする。わたしも犬みたいになっているから、ちょうどいいんだ。

そんなある晩、たたき起こされた。

「起きろ、歩け、早く、出ろ、シャワーだ！」

弱よわしく光る電球がたまに下がっているだけの、一面の暗がりのなか、収容所を進んでいく。叫び声、うめき声。横の列が乱れ、たての列もバラバラになり、おかあさんたちは子どもの手をにぎりしめる。わかってしまったからだ。ああ、全身がこおるような、本能からの恐怖！　今夜だったのだ、「いよいよのとき」は。神さまのもとに帰る日は。

でも、どうして夜に？

ラーガァシュトラーセの両側に、つぎつぎ、ぼんやりと収容区があらわれる。モミの木立ちを背景に、灰色のグラデーションだけで描いたようなバラック群が続く。死んだ人たちが裸のまま、薪のように積まれ、遠くには見張りの人影がいくつか見える。

犬がほえ、だれかが叫び、カポが命令し、SSはせせら笑う。

これまで、夜の強制収容所というのは見たことがなかった。ほんとうにぞっとする光景だ。わたしは、鉄条網についている出入り口をかぞえようとした。まだ六つある、これで五つ、あと四つ。ぜんぶ通ったら、そのあとわたしは殺される。

でもどうやって殺されるの？

わたしたちはだまって歩いた。ママと手をつなぎ、道の小石で木靴がコツコツいう音ばかりが聞こえていた。夜空の厚い雲が、幽霊の群れに見えた。

心臓が音をたてて鳴っていた。ひどくドキドキいっていた。もうじき止まると知っているかのように。

コトン――十二歳のわたしの時計は、もうじき振り子を止められてしまう。


奇跡。

ほんとうにシャワーだった。

夜にシャワーだなんて。やつらはなにを考えてるんだ？

帰り道は輝くばかりだった。幽霊の群れは、天使たちに変わっていた。

きれいさっぱりして、シラミも取れて、わたしは生きている。

そしてこんどは、ほんとだった。出発するのだ。

あたりはごった返して、ざわめきが広がり、みんなあちこちへ行ったり来たり。ドイツじゅうの収容所から、収容されていた人たちが到着していた。全員がまたグループ分けされ、亡くなった人たちは、ここで焼かれる。

そうしたら、出発だ！

「早く、出ろ、かばんは持たずに、荷物もなしだ。『さまよえるユダヤ人(＊)』と同じように、包みひとつだけ」


鉄柵のむこうに、トラックが何台もならんでいる。

ボヘミアにあるテレジエンシュタット強制収容所の名前が聞こえてくる。フランス

訳注（＊）　ドイツを中心に広がったキリスト教伝説のひとつ。ユダヤ人の靴屋が、十字架をせおって刑場にむかうキリストに、休ませてくれとたのまれたが、ことわったため、安息と故郷をうしなって、「最後の審判」の日まで永遠に地上をさまよう運命をせおわされたという。

の政治家、レオン・ブルムをはじめ、高名な人たちが収容されているところだ。ギリシャ人、オランダ人[1]、アルバニア人もいっしょに行くとのこと。

つまり、ドイツ軍は「人質」全員を連れていくのだ。


わたしたちは大急ぎでベッドの板を燃やし、わずかなお米をその火で煮て、すみのほうで地面にしゃがみこむと、がつがつ食べた。もっとひどい状態になったときのために、とっておいたお米だった。

それから、かばんの中身をあけた。移送されるたびに運びつづけた宝ものばかりだ。小さなぼろ切れ、亡くなった人の形見。つかまる前の、自由だったころの写真。それにパパの本二冊。パパがはじめて書いた、そしてまだ二冊だけの本。

ママ、わたし、これは置いていけない。持っていかなくちゃ。

ママは二冊の表紙を破り取ると（パパが自分で描いた『ドナ・コンセプションのすてきな冒険』の表紙も）、ポケットの奥深くに入れた。

「お守りナイフ」も持っていくことにした。

命令と、命令の取り消しが飛びかう混乱のなか、人々が四方八方に走りまわっている。

わたしたちは、となりの収容区の人たちに「さようなら」と叫んだ。それから、いまにも死にそうな人たちにも。

あたりは大さわぎで、鉄柵が開いたり閉まったりし、軍隊の野営用大なべがつぎつぎ運ばれ、カポたちは声をからし、箱や包みやひもがそこらじゅうに散らばっている。そんな出発まぎわのどさくさのなか、妹がアウシュヴィッツから来たあのポーランドの人が、どうやったのかわからないけど、とにかく、あの妹をわたしたちのなかにまぎれこませたのだ。彼女は急いで妹の囚人服をぬがせ、わたしたちはかき集めた服をみんなで着せた。

ドイツ兵が、「健康な者は徒歩で出発するように」と叫んでいた。ママはわたしをトラックのほうへ引っぱっていった。トラックにはみんながよじ登ろうとしていて、

原注（1）ドイツ人たちは、ダイヤモンドをカットするオランダ人ダイヤモンド商たちの技術を必要としていたが、ドイツのために働くことを拒否した人は、子どもと引きはなされ、男の人の一団はほかの収容所へ送られた。

やがてけんかになった。SSたちがなぐりにくる。

ママとわたしはなんとかよじ登って乗ることができて、トラックは走りだした。と思ったら、急に止まった。となりの収容区の人たちが、わたしたちに混じって逃げようとしたのだ。

SSたちはその人たちを降ろすと、発砲した。

目の前に、十二の射殺体がころがった。

そしてトラックは、ベルゲンの駅にむかってふたたび走りだした。

駅には、四等車と家畜車と、屋根もない荷台だけの貨車を連結した汽車が一台、待っていた。

線路のそばには、大きく山積みされたスウェーデンカブと、もうひとつ、家畜用ビーツの山があった。すこしでもほしくて、みんな駆けよった。

SSたちがまた発砲し、アルバニアの男の人がひとり、たおれた。

ママとわたしは、運よく四等車に乗ることができた。でもぎゅうぎゅうづめで、男の人も女の人も子どもも、どの国の人も、みんなくっつきあうしかなく、そのうえ多くの人がひどいにおいを発していた。座席は、車両の長さに沿ってたてについていて、みんなそこか床にすわった。壁にはシラミがうじゃうじゃいて、わたしたちの上に跳んできた（この汽車はチフス患者を運ぶのに使ったのだと、あとで知った）。

汽車は走った。何日も何日も走りつづけた。

それから何時間も停車し、ふたたび走りだし、路線を変え、また止まる。

最初の日に配られたパンとマーガリンは、すぐになくなった。駅でこっそりとってきたスウェーデンカブも。

それからは、もうなにもなかった。

見張りの兵士たちは、汽車が止まっているあいだに、線路わきに生えているイラクサ（＊）をつんでいいと言った。わたしたちはそれを石ふたつの上で焼いた。そして溝にた

訳注（＊）葉の形はアオジソに似ていて、日本でも西洋でも、火を通して食べることはあるが、なまで食べるのには向かない。

まっていた水を飲んだ。

シラミがひどくなった。わたしたちは日に五十ぴき以上つぶした。停車中はみんなで線路の砂利の上に降り、すっかり裸になって、男の人も女の人も子どもも、動物園のサルみたいにシラミを取りあった。チフスを伝染させるシラミと、ここでも戦いつづけたのだ。

汽車が走っているあいだに、仲間のひとりが死んだときには、亡きがらを窓からすてた。

男の人たち何人かが、脱走しようとした。

どこに行けるっていうんだろう、とわたしは思った。

汽車は、暴走列車のように走りつづけた。前の晩に通った村むらを、また通っていたりする。

リューネブルクという街を通ったあとで、SSたちはこう言って、わたしたちをあざ笑った。

「イギリス軍がこの街に入ったらしい。あと少しで、おまえらも解放されるところだったな」

その晩、わたしたちの前にいたオランダ人の奥さんが、正気をうしなった。自分の息子の首をしめようとしたのだ。

だんなさんがベルトで、その奥さんの両手をしばった。

奥さんはまもなく死に、亡きがらは線路の砂利の上にすてられた。

イギリス軍の戦闘機が、つづいてソ連軍の戦闘機が、わたしたちの汽車をドイツ軍の部隊輸送車とまちがえた。わたしたちは機銃掃射を受けた。人がたくさんけがをし、死んだ。とくに屋根のない貨車で。

あるとき、ＳＳたちはわたしたちに、畑でジャガイモを取っていいと言った。

オオカミ――わたしたちはオオカミになった。そしてアルバニア人、ギリシャ人、オランダ人たちと争った。

このとき以外、食べものはイラクサしかなかった。おかげで赤痢はひどくなり、みんなお腹をおさえて苦しんだ。車両のなかは、がまんできなかった排せつ物で、どろ水がたまったみたいな状態になった。くるぶしの上あたりまで、足がつかった。だれもがひどい悪臭を放っていた。そして血が出るまで体をかきむしった。ますます死ぬ人が増えた。ますます気が変になる人も増えた！

ある日、停車時間がのびたときに、ママはみんなと同じように、なにか食べられるものをすこしさがしてくると言って、野原のむこうへ歩いていった。

そして、もどってこなかった。

わたしはママをさがして走りまわり、外にも出て人に聞いてまわった。だがすぐにSSたちが出発の口笛をふき、それ以上汽車からはなれられなくなった。はなれれば撃たれる。

汽車は動きだし、ママは見つからない。

一九四二年七月二十六日にドイツ軍につかまってから、これほど強烈な不安に襲われたことはなかった。

ママはどこ？

汽車は走り、わたしはひとりきり。心臓がはげしく鳴って、頭は破裂しそうだ。

ママ、うそでしょ。

床板をおおっている茶色い液状の汚物に足をすべらせながら、わたしは車両のはしからはしまでさがしまわった。なんでもいいから、ママにつながるものがないかと。

ママ、うそでしょ。

こめかみがズキズキする。手がじっとり汗ばんでくる。

みんな死ねばいい、わたしのまわりにいるみんな。でもママはだめ、ママはだめ。

ママがいなくなったら、わたしにはもうなんにもなくなっちゃう、もうなんにも！[1]

わたしの恐怖は数時間続いた。

原注（1） このときの恐怖は、あまりに強く心に焼きついたため、その後何年もたったあとでさえ、思いだすとひどく動揺した。

つぎに汽車が停(と)まったとき、不意に乗ってこようとするママが見えた。

ところがママは、衰弱(すいじゃく)と疲労(ひろう)のあまりふらふらとたおれ、口がきけるようになると、こう言った。

「私(わたし)はもうだめ、動けない。ここに置いていって」

でも仲間のみんながママを引っぱり、かつぎあげて、なんとかいちばんうしろの車両に乗せてくれた。と、汽車は動きだした。目の前で、武装(ぶそう)したドイツ兵たちが笑っていた。


雨が降ると、わたしたちは車両の下で火をたいた。するとＳＳ(エスエス)たちが来て、足で消す。汽車に火がついたらどうするんだと言って。

それでわたしたちは、なまのイラクサをかじるしかなかった。

汽車は走りつづけ、止まると顔や体をあらいにいく。線路の近くに小川が流れているときに。

止まっているあいだに、イラクサもつむ。何度かセイヨウタンポポもつんだ。

ＳＳたちはときどき車両にやってきて、何発か、こん棒で人々をなぐる。

ベルリンの街を通ったときには、街が爆撃されるのを見た。

その光景で、わたしたちはかすかに希望を感じた。

汽車が止まっても、仲間がひとり降りてこない。

ふたたび乗ったとき、その人は死んでいた。それで窓から出した。

そんなことが何度もあるうちに、わたしはペローの童話『おやゆびこぞう』を思いだしていた。森に行くとちゅう、小石を点々と置いていったので、それを道しるべに家へ帰り着けたというくだりがあるのだ。

その小石みたいに、わたしたちは線路に亡きがらを点々と置いていく。


汽車は、軍用トラックが何台も走っている道をわたった。すると連合軍の戦闘機があらわれて、トラックを爆撃した。

汽車が止まり、ＳＳたちは飛び降りると、周囲の野原に逃げこんだ。

列車の車両が二台、燃えあがった。

わたしたちはまだ残っていた白いものを、木の枝にくくりつけて白旗を作り、それから列車の屋根にも窓にもとびらにも、シャツやズボンやぼろ切れを掲げた。武装した見張りたちがいても、わたしたちは兵士ではなく民間人なのだと、連合軍にわかってもらうために。

逃げる、でも逃げると言ってもどこへ、どうやって？　わたしたちはこの国のことばが話せないし、そこらじゅうで戦闘が起きているし、だいいち、もうほとんど歩くこともできない。

汽車は走る。左へ右へ、東へ西へ。もう、どこに行っても大砲の音がしている。でもわたしたちはシラミに取りつかれ、征服されていた。お腹には力が入らず、もらした。みんなのあいだで、おそろしいけんかも起きた。そこここに、正気ではなくなった人たちもいた。

空襲警報が鳴ると、見張りたちはおびえて身をかくした。ギリシャ人たちは、このときとばかりに、軍の食糧を積んだ車両のとびらを突きやぶった。みんながわれ先にと争ったが、空腹のあまり獣のようになっていた男たちには、とても勝てなかった。

ようやくありつけると思ったときには、もう洗剤の箱しか残っていなかった！

そしてみんな、正気ではなくなった。ママは、オランダ人の男にひどくなぐられた。

「寝ているあいだに、この子を押しつぶさないようにお願いします」と言ったために。

ママは床で、荒い息をくり返した。

押しつぶせばいい、それがなんだっていうの。

大砲がとどろいている。でもわたしたちを助けてくれるのに、まにあうの？

もう空腹も感じない。

髪はシラミの幼虫でもつれて、張りついたまま。ズボンは下痢をもらしてゴワゴワになり、ひざには両方とも穴があいた。わたしは腐ったにおいがしている。

想像を絶する――それはいまや、わたしたちのためにあることばだった。汚物にまみれ、鼻がまがりそうなにおいを放つ車両のためにあることばだった。そこでは眠りからさめない人たちが死にかけていて、けがをした人たちは血を流している。

それは、土の交じったイラクサのスープのために、骨と皮ばかりにやせたわたしたちが足をふらつかせながらするけんかのために、あることばだった。

亡きがらをしるしのように残してきた、わたしたちのこの旅のためにあることばだった。

ときどき、どうしようもなく叫びだしたくなる。でもそんなことをしたら、もっと体力をなくしてしまう。

ベルリンが燃えている。あちこちで戦闘の音が響いている。汽車は走りつづける。

「目的地に到着だ」見張りたちが言った。

そういえば、見張りたちの数は減っていた。SS将校の姿は消えていた。

わたしたちは、解放されたあとに知ることになる――その目的地とは、爆薬をしかけられた橋の上だったと。汽車は、爆破されてエルベ川に吹き飛ぶはずだったのだと。

もう大砲の音はしなかった。汽車は止まっていた。みんな眠っていた。線路は道に沿って続いていた。

トレビッツ

I　解放（かいほう）

明けがた、わたしたちは自動車や馬の音で目がさめた。
そして見たのだ。馬に乗った将校たちを。カーキ色のシャツの兵士たちを。(1)
ソ連軍、ソ連軍だあああ！
なんという絶叫（ぜっきょう）だっただろう！
うれしさのあまり、何人か死んだ人まで出た。
わたしはまわりのみんなに抱（だ）きついて、キスして……。

原注（1）　シャツには、まんなかではなくわきにボタンがついていて、みんな毛皮の縁（ふち）なし帽（ぼう）をかぶっていた。

その横を、見張りのドイツ兵たちが、降伏のしるしに両手をあげて通っていった。

歩ける人たちは、近くの村へ急いで行こうとした。

「ママはだめ、汽車のなかからいなくなったときのことを思い出すと、わたし、まだこわくてガクガクしてくる。もしとちゅうでたおれたら？　ドイツ兵がかくれてて撃ってきたら？」

「だいじょうぶ、そんなことないから。だいいち、食べるものがいるでしょう」

ソ連兵たちは、ウサギ小屋と鶏小屋の戸をこわすのを手伝ってくれた。

ひとりがママににっこりしたので、ママは手と口で「お腹がすいている」というジェスチャーをした。するとその兵士は、ポケットから卵を出してくれたのだ！

あわれなソ連の兵隊さん、戦争で女っけもないまま、どれほどおそろしい目にあってきたんだろう。こんなにぼろぼろになったママにまで、いいところを見せようとするなんて！

汽車の近くまでもどってくると、わたしたちはむさぼり食べた。スプーンから直接砂糖を、パテを、ジャムを、肉のあぶら身を。ぜんぶ、いっしょくたに食べた。

ママはニワトリの首をしめた！

仲間の女の人は、ウサギの皮を一気にはいだ。まるでワンピースをぬがせるみたいに。近くの工場から取ってきた練乳は、まだふたがついていないチューブのままだったけど、みんなそこからじかに飲みこんだ。

なにもかも食べつくした。

お腹がいっぱいになった。そういうことが、いまもこの世にあったんだ！

ソ連兵たちは、村に身を落ち着けるようにとわたしたちに言った。

わたしたちは歩いていった。

村の住人たちは、いなくなっていた。とくに女の人たちが、スラヴ人兵士たちに恐れをなして……！

ドイツの、トレビッツという名前の村だった。

道をのぼっていったつきあたりに、家が一軒あり、仲間のナナが先頭に立って入っていった。

家というものは、なんて美しく、やさしく、あたたかく人を迎え入れてくれるものなのだろう。わたしはぜんぶの部屋を見てまわった。花もようのカーテンがかかったリビング。ワックスで木の床がつやつやしているダイニング。陶器でできた大きなストーブがあるキッチン。

そして食糧！　いろいろなものがたっぷり入った広口瓶が、ずらりとならんでいる！　信じられない――食べるものがこんなにいっぱいあるなんて！

この家の人たちは、戦争中もちゃんと食事をしていたんだ。お酒も飲んでいたんだ。ときにはここから百メートルしかはなれていないあたりで、人々が火に包まれていたのに。叫び声や悲鳴が聞こえたはずなのに。ちがう？

ヒトラーの写真が何枚もあった。戸だなに積みかさねられたシーツの山のあいだにさえ。

わたしは体をあらった。どこもかしこも、ぜんぶあらった。お湯であらった。

これでもうシラミもいなくなったはず、と思った。

ソ連軍が来たとき森に逃げこんだ村のドイツ人たちが、もどってきた。

入ってくると、ほとんど這いつくばるようにして、わたしたちにあいさつした。

なんて恥知らず！　なんてあさましい！　視線もことばづかいも、なんて卑屈なんだろう。わたしたちにへつらっている。

わたしは一度も、こんなにぺこぺこしたことはない。

わたしは庭のサクランボとラディッシュを食べた。ふたつを一度に食べると、サクランボがピリッとして、おいしい！

つぎの日の朝、サクランボもラディッシュも、ぜんぶなくなっていた。夜のあいだにやつらがつみ取り、ぬき去ったのだ。ドイツ野郎どもが。

シラミは、まだいた。

わたしは解放された。それはそうだった。でも戦争は終わってはいなかった。すぐ近くで、まだ戦闘がおこなわれていた。

わたしは解放された。でも死ぬ危険はなくなってはいなかったのだ。

わたしたちの赤ちゃん、ジョゼット・ヴェイユ。危ないところを何度も助かって、金髪で色白で、ドランシーでは食べ残しのおかゆをくれていたジョゼットが、この晩、死んだ。

解放されたのは四月二十三日——わたしは日づけをおぼえている。そして二十四日に、ジョゼットは死んだのだ。

おにいちゃんのジャン＝ジャンとおかあさんのオデットは、ジョゼットの亡きがらを村のドイツ人墓地に運んでいった。

ああオデット、あなたはこれからどうやって生きていくの？

それに、アルザスから来た友だち、太っちょのジャン・レヴィ。道で、すれちがった。手押し車を押していて、そこにはおかあさんが、亡くなったおかあさんがのっていた。ジャンはそれをひとりで押して、むこうにある墓地へ歩いていった。

ああ！　解放されたら、どんなに明るい毎日になるかと、わたしは夢みていただろう！

そう、戦争は終わってはいなかったのだ。

わたしたちを解放してくれたソ連兵たちは、夜はとびらもよろい戸もしっかり鍵をかけておくようにと言った。明かりも、もれないように。ドイツ軍はまだ反撃しつづけているから。

ひと晩じゅう、モーターやチェーンやエンジンのけたたましい音をとどろかせながら、特別攻撃部隊が前線に出ていった。特別攻撃部隊というものは、どこの国でもそう美しいものではない。

何人もの女の人が、兵士たちに乱暴された。わたしたちの仲間のひとりは、息子さんの目の前で暴行されたのだ。

ソ連出身の仲間たちは、「ユダヤ人だと言わないように」とわたしたちに教えてくれた。ソ連の人たちは、伝統的に反ユダヤ主義だという。

実際、わたしたちがなぜここにいるのか知ろうとして、解放してくれたソ連兵たちが最初に聞いたことのひとつは、「あなたがたはユダヤ人なのか？」

わたしたちはこう答えた。「フランス人です」

「ああ、そうか！」

ナナがロシア語を話せたので、ソ連軍の将校たちが家に来ておしゃべりをしていった。

将校たちは、フルーツジュースとソ連の強いお酒、ウォッカを混ぜたものをわたしたちに飲ませた。

家では将校が広い部屋をほしがり、わたしたちはせまい部屋にぎゅうぎゅうづめになった。でも将校も、副官と同じベッドで寝た。服を着て銃をかかえたまま。

ソ連兵たちは、わたしたちに食べるものをほとんどくれなかった。というのも、じつは彼らにも食べるものがあまりなく、それでも戦っている部隊には食べさせなくてはならなかったからだ。

わたしは「フレーブ」ということばをおぼえた。パンという意味。それから「スパシーバ」。ありがとう。

解放された日、収容されていた人たちのなかには、一度に食べすぎて死んでしまった人たちもいたという話を聞いた。食べることをほとんどわすれたような体に、いきなり大量の食べものでは、負担が大きすぎたのだ。

ああ！　解放されたら、どんなに輝かしい気持ちになるかと、わたしは夢みていただろう！

シラミは、なかなかわたしの体からいなくならなかった。わたしたちは、これまで着ていたひどく汚い衣服を焼き、家のなかで見つけたものを着た。

わたしは、繕ってあるけど清潔なブラウスを着て、同じく繕ってあるけど清潔なスカート、それに黒い靴をはいた。靴は型くずれしてほつれているところもあったし、すこし大きかったけれど。

ママは青いふんわりしたワンピースを着たが、突きでた骨で、フレアスカートはぺちゃんこだったし、うしろに二十四から三十六ぐらいならんだ小さなボタンは、やせすぎになった背中を流れおちるようだった。

ああ！　ママ、ママ、わたしのきれいなママ、ずいぶん長いあいだ、もうママをじっと見ることなんてなかった。ワンピースを着たところなんて、想像もしなかった。それがいま、見ている。ママを見ている。

わたしのママ、ママも見ている？　自分がもう女性には見えないって、むしろ、舞台をおりようとしない年とったピエロみたいだって、わかってしまった？

ああ！　解放されたらどんなに幸せになれるかと、わたしは夢みていただろう！

そしてもしパパが、ママをママだとわからなかったら？　肌に残ったたくさんのとびひや傷の痕、あれをいやがったら？

わたしのこともだ！　お腹が突きでて、脚はむくんで青くなっているわたしのことを、いやがったら？

そもそも、パパは生きてるんだろうか？　いったいどこにいるの？

となりの収容所にいたフランス人捕虜たちは、ソ連兵たちにひどい扱いを受けたと言っていた。何人かは、結婚指輪を力ずくで取りあげられたそうだ。ソ連の人たちは、捕虜をなにより軽蔑するという。

ああ！　解放されたらどんなに楽しくなるかと、わたしは夢みていただろう！

中庭の地面に置かれた担架に、ママが横たわっている。チフスにかかってしまったのだ。

迎えの人が来て、ソ連軍が作った病院にママを運んでくれるのを、わたしは待っている。

わたしはママに話しかけるけど、それがママにはもう聞こえない。チフスで耳が聞こえなくなっている。

わたしは担架の前に立ち、体をゆらして目に涙をあふれさせながら、聞こえないママが必死に言うことばに耳をかたむける。

「ねえフランシーヌ、あんなに何か月も、何年も戦ってきて、けっきょくこんなことになっちゃうなんて。あなたのこと、愛してる。ほんとに愛してるからね。パパにも、愛してるっていっぱい言ってね」

ママを連れていく荷馬車が来た。

愛してる。わたしも愛してる、ママ。

〈おお、歓喜の土地よ〉

収容された人々みんなが歌っていた歌の一節だ。

〈そこでは、たえまなく愛することができるだろう。愛することができるだろう〉

この歌が、すべての強制収容所に伝わって歌われたとは、いったいどんな奇跡で？

ああ！　解放されたらどんなに笑いでいっぱいになるかと、わたしは夢みていただろう！

　戦争は、終わったと思っていたのに。


　わたしは生きていた。静かに、ドイツの小さな家で。

　ナナとマドロン、それにジャン＝クロードは、キルシュハインにむかって出発した。キルシュハインはトルガウの近くで、そこから数キロ先でソ連軍とアメリカ軍が合流したのだ。

　わたしはローズ＝マリーさんにあずけられ、息子のミシェルとぶらぶら遊んだ。最近解放されたソ連の若い軍医、ニコラは、わたしたちととても親しくなって、ほとんど毎日、家でいっしょにすごすようになった。

「国に帰るのが、いまからこわい」とニコラは言った。

　ソ連では、勝者として帰るか、さもなければ帰らないかだそうだ。捕虜になるのは恥なのだという（そもそもソ連の人たちは、一度もジュネーヴ条約をみとめなかった）。

　それでわかった。フランス人捕虜に対するソ連兵のふるまいや軽蔑や、ときに虐待も起きていたというわけが。

ママは、ちゃんと生きているとわかっていた。

わたしたちはジャガイモを食べていた。

わたしは歯が痛くなり、熱っぽかった。

ニコラは体温計を、わたしのわきの下や口に入れた。わたしは、もっとちがうところに入れていた。フランス式に。(*)

チフスにかかってしまうのが、なによりこわかった。


ときどきドイツ人たちが、自分たちのもめごとを解決してくれとたのみにきた。ほんとに変わった人たち。


ローズ＝マリーさんは、リビングの花もようのカーテンでワンピースを作った。

家主の奥さんが、それに気づいて食ってかかった。するとドイツ語が得意なローズ

訳注（＊）　フランスでは体温計はおしりの穴に入れることが多い。

＝マリーさんは、こう言いかえしたのだ。

「おだまり、奥さん。うちは家じゅう荒らされたのよ。夫はもう五年も捕虜、息子と私は三年強制収容所にいて、国じゅう、たいへんな目にあわされている。たかがカーテンぐらいで、がたがた言わないでちょうだい！」

「ああ、そうとは知らなくて……」奥さんは力なく答えた。

わたしは、ローズ＝マリーさんがつかまったときの話も思い出していた。

明けがた、透けるネグリジェ一枚で、裸がほぼまる見えのまま、ドイツ兵たちにかこまれ、町じゅうを歩かされたという。

チフスは猛威をふるいつづけていた。

助かった人たちは、病院からほほえみをうかべて出てきた。やせて、頭は丸刈りにされて。

ソ連軍は、村のまわりに検疫警戒線を張った。

わたしたちは、もうだれも村から出られなくなった。チフスをうつすおそれがあるから。

ここに閉じこめられたままでは、わたしたちがちゃんと生きていると、だれかにわかってもらえるだろうか。

そんなとき、アヴラムの奥さんが脱出に成功したのだ！


入院しているママが、絶望にかられてこう叫んだという話を知った。

「もう娘がどんなふうだったかわからない。顔も思い出せない。わすれてしまった、会っても、もうわからないわ！」

そして、泣いて泣いて泣いたのだ、と。

わたしは急いでママに手紙を書いた。それをジャコビのおばさんが持っていってくれる。道ばたでつんだ小さな花も添えた。

「大好きなママへ、
ジャコビのおばさんからママの話を聞いて、すぐにお返事を書いています。わたしはとても元気です。どこも具合の悪いところはありません。だいぶ太りました。
いま、いっしょにいるのはローズ＝マリーさんとミシェルだけです。マドロンはキルシュハインに引っこしました。ナナもです。ローズ＝マリーさんが、わたしのめんどうをとてもよく見てくれます。ママがマドロンにたのんだものはどれも、お菓子やなんかですが、ここにもないので、持っていけません。

ママの熱はもうさがったと聞きました。すごくうれしいです！

ママにたくさんたくさんキスします。もうじき会いにいけるといいなと思っています。

ママのことを思っている、ママのだいじな娘、

フランシーヌより」

ジャコビのおばさんは、わたしの友だちのトーリのおかあさんで、看護婦になっていた。

「おかあさん、すこしよくなったらしいわ。会いにいきたい？」

ある日、そう聞かれた。

古ぼけたバラックの隔離病棟。まにあわせの病院。

開いている窓から、ママに話していいと言われた。

女の患者たちはみんな、しわだらけで黄ばんだ病院のねまきを着て、頭は刈られ、目はぎらぎらしていた。無気力におちいっているか、興奮しているかのどちらかなのだ。

ママ、ママ！

「あら、来たのね！」やせた幽霊のような人が、声をはりあげた。「来たのね、このどろぼう娘。私の練乳を取ったでしょ。知ってたんだから。どろぼう、どろぼう、どろぼう」

たしかにママは、よくはなっていた。助かったのだとさえ思った。耳が聞こえるようになっていたし、目も見えていて、体温は三十七度から三十八度で安定している。でも、頭がおかしくなっていた。

帰りの道を、わたしはのろのろ歩いた。ひとりぼっちで、まだあまりにも子どもで、うつむいて、ほんとうなら大好きな五月の太陽の下、大きすぎる靴で痛くてたまらない足を引きずりながら。

ソ連の人たちはチフスをよく知っていて、二、三週間、頭がおかしくなることもあるのだと教えてくれた。

でも、もしあのままだったら？　あのままなおらなかったら？　なおらなくてこまる人は？　――かこわれ、閉ざされたこの村では、だれもこまらない！

じゃあ、外の世界では？　外の世界……そんなもの、あるの？

病院は、女医のソコレッツカヤ少佐が率いていて、その下に大尉の軍医が四人、男の人はひとりだけ。どの先生も、医師の鑑のように身をささげて、わたしたちを診てくれた。

ソ連の人たちもふしぎで、ひとつの手がらで二回も三回も四回も勲章をもらう。それをまた毎日でも、胸につけている。リボンの略章やメダルの勲章を、大々的に、四つも。

その規律正しさにも、おどろいた。将校が話しているとき、兵士はずっと「気をつけ」の姿勢で、けっして「休め」が入ることはない！

太陽が輝いていた。

病院はいつもこんでいたが、チフスはわたしには関心がないみたいだった。

ママは興奮状態のまま、回復期に入った。

わたしは、二度と会いにいかなかった。

II　再会

チフスがはびこり、隔離された村で、わたしは静かに暮らしていた。

チフスの犠牲者は、そこここで出つづけていた。でもソ連の人たちは、とてもよく診てくれた。

わたしはロシア語で、ずいぶんいろいろなことが言えるようになっていた。

「ヤー・ニエ・パニマーユ・パ・ルースキ」（わたしはロシア語がわかりません）

髪も、またのびてきた。

わたしたちが解放されてから、いまではほぼ二か月が過ぎていたが、そんなことはほとんど考えなかった。わたしはミシェルとぶらぶらし、友人たちと遊んだ。なにも考えず、ただ生きていた。

ただ生きていて、昼食後のお皿をあらっていたある日、大声が雷のようにとどろいた。

「フランシーヌ、おとうさんがいるぞ！」[1]

とつぜん、みぞおちをなぐられたように感じた！

わたしはなにもかもほうりだし、速く走りたくて木靴をつっかけた。

遠くにふたり、フランス人将校がいるのが見える。もうだれも、なにもわたしに言う必要はなく、わたしはそのうちのひとりめがけて走っていった。

「五年も会っていなかったのに」とあとで言われたが、どちらの人かはすぐわかり、その人にわたしは飛びつき、上着にしがみつき、笑って、泣いて、するとその人も笑って、泣いて……。

「ママは？　病院？　どんなようす？　助かった？　ああ！　アヴラムの奥さんがフランスにもどってきてね、あの人から、ママが死にそうだって聞いたんだ」

「だいじょうぶ、だいじょうぶよ、でも病院には行けないの」

「いや、パパといっしょなら行けるだろう」

「もっとキスして」
「おまえも」
「ああ！　パパ、きょうはわたしの人生でいちばんすばらしい日！(2)」

わたしたちは病院に向かった。幹線道路で十分の道のり。それから隔離病棟のバラックのほうへ。看護婦になったジャコビさんが、いっしょに来てくれた。ところが急に、ソ連軍の見張りの兵士が行く手をふさぎ、パパに銃を向けたのだ！　どうやって説明すればいい？　まわりにはだれもいない。運よく、ソ連軍の看護婦さんがあらわれて、話をつけてくれた。

原注（1）　五十年後、ハンサムな顔だちの男性が、にこやかにこう話しかけてくれた。
「モーリス・ジルベルシュタインです。あなたに『フランシーヌ、おとうさんがいるぞ』と叫んだのは、私です」

原注（2）　その後、毎年六月八日には、わたしたちはこのことばを言いあった。

わたしたちが病室に入っていくと、頭をそられた患者さんたちがみんな、おどろいて顔をあげた。

「まちがえましたね」パパはあとずさりして言った。「ここは男性の病室だ」

「いいえ、ここでいいんです。チフスのせいで、みんな頭をそられているんです」

ママの病室に行くと、ママと同じく回復期で、いつもとても女らしいドラが、さっとタオルを取って、ターバンのようにママの頭にまきつけた。

顔色の悪いピエロのような人が、一度に笑ったり泣いたりしはじめた。

「パパ、ママだよ！」

ふたりは抱きあってキスし、たがいに抱きしめあい、見つめあい、感情が高ぶるなか、ターバンが落ち、ママの丸刈りの頭があらわれた！

村への帰り道、パパは前方を見つめたまま、うわのそらで体をこわばらせ、わたしと手をつないでまっすぐ歩きながら、何度も言った。

「やつらは彼女の頭をそった、やつらはおれの妻の頭をそった……」

軍人が女性を美しくすることは、けっしてない……。

つぎからつぎへ立ちはだかった困難を乗りこえて、パパといっしょにわたしたちを見つけてくれたもうひとりの将校は、ピエール・ラングだった。ママとわたしがはじめからいっしょだった仲間、マドロンのだんなさんで、ジャン＝クロードのおとうさんだ。

女医のソコレツカヤ少佐は、パパとピエールをランチに招待した。わたしは、デザートになったら加わっていいと言われた。

そこには、なんときらびやかでふしぎな光景が広がっていただろう！

料理はコサック兵(＊)が運んでおり、ふくらんだシャツの胸にずらりと弾薬入れがならんでいる制服を着て、頭には、アストラカンというちぢれた黒い毛皮の、高い縁なし帽をかぶっているが、てっぺんは赤く丸くて、銀の糸で十字型のかざりが刺しゅうしてある。

そしてみんな、まるで王族に料理を出すみたいに、うやうやしく深ぶかとおじぎする。

訳注（＊）　ソ連の南の国境付近に古くから住んでいた農民兵士。騎兵として国境を守ったり、ソ連軍に加わって戦ったりした。

全員、よく飲んだ。ソ連のウォッカを、フランスのボルドーワインで割ったものを！ふだんは、グラス一杯のワインさえ飲まないパパまでが。

全員、よく笑った。テーブルに十三人いるのに気がつくと、パパはいっそう、頭がどうかしたのかと思うほど大笑いした！(*)

パパとピエールは、軍管区の区長、ソ連軍のファミーニン将軍に、わたしたちを見つけたことを報告しにでかけた。

ファミーニン将軍は、トレビッツにフランス人がいることを知らない。アヴラムさんが脱出に成功したからこそ、わかったことだった。

つまり、わたしたちは行方不明者、戦争で世間からわすれられた人間だったのだ。どんな戦争にも、わすれられた人たちがいる。そしてその人たちを、ずっと待ちつづける人たちもまた……。

パパが話してくれたことから、わたしたちもそういうわすれられた人間として、完全にうもれてしまうところだったのだと思った。パパのねばり強さが、もしなかったら。

パパは捕虜収容所を解放されてから、ピエールたち仲間といっしょに、ドイツ軍の車を見つけ、ベルゲン＝ベルゼンへ急いだ。

ところがそこで待っていたのは、死体ばかり。いたるところ、腐りかけた死体ばかり。ここを解放したイギリス軍も、目をおおうばかりの悲惨な光景に、これは自分たちの手にあまると判断して、衛生部隊の援軍を待っていた。

パパはわたしたちをさがした。どこもかしこも。片っぱしから訪ねて歩き、そのたびに目にしたものを点検した。心臓にガソリンを注射する注射器。書くと爆発する殺人えんぴつ。

死体置き場も調べ、亡きがらを一体一体ひっくり返しては確認し、ママとわたしを知っている人をさがした。イギリス軍の将校に、はげまされながら。

将校は、パパが持ちこたえられるようにとウィスキーをくれた。将校もパパも泣いていた。そしてふたりでひと瓶飲んでしまったが、足はふらつきもしなかった……。

訳注（＊）　キリスト教で、イエスが裏切られる前に弟子たちととった最後の晩さんのとき、全員で十三人いたことから、十三人で食事をするのはとても縁起が悪いとされている。

わたしたちの痕跡は、どこにもなかった。書類一枚、ファイルひとつ、残っていなかった。ドイツ軍はいつも、退却する前になにもかも燃やしていくのだ。

力と勇気のかぎりをつくしたある日、死神がいるあのだだっ広い土地のまんなかで、収容されていたチフス患者のある女の人が、ぼんやり思い出したという。人質の一団が、四月九日ごろ、どこへとも知れずに出発したことを。

パパは急いでリューベックにもどると、捕虜だった仲間たちに知らせ（仲間は十人だったので、妻たちも十人がいっしょだった）、捕虜収容所全体の引きあげよりさきに、パリに帰れるように手はずを整えた。

パリは、解放を祝ってお祭りさわぎだったが、パパはさがしつづけた。戦争、捕虜、収容された人たち、引きあげを担当する省庁ぜんぶに当たって。

だが、どこにも手がかりはなかった。わたしたちのことを聞いた人は、だれひとりいなかった。

電報も打った。イギリス・アメリカ連合軍司令部へ、中立国のスウェーデンへ、スイスへ。

なにもわからなかった。

ラジオでの呼びかけもおこなった。

「ロベール・クリストフ中尉が、つぎの一団をさがしています……」などなど、と。

わたしたちは、まぼろしの列車とともに消えてしまったのだ。

そしてある日、アヴラムさんがあらわれたのだった。

「トレビッツから逃げてきたの。みんなそこにいるわ。私はアメリカ軍に助けてもらって、百キロ歩いてきたのよ。急いで、みんな病気だから！　あなたの奥さんは、もう手おくれかもしれないけど……」

すぐに、ド・ボワシュー少佐から任務命令がくだされた。ド・ボワシュー少佐は、のちにド・ゴール将軍の義理の息子になる人だ。

ピエールとパパは、任務についていた将校の飛行機を使わせてもらった。木材の枠に帆布を張った古い複葉機！　フランスにはお金がなかったのだ。ライプツィヒまで、三時間かかった！

ライプツィヒに着くと、アメリカ軍に、変わった乗りもの「ジープ」を貸してもらい、毎日、ソ連軍の占領地区に入っていこうとした。

ところが、ロシア語を話すフランス人従軍司祭、ド・ロシュコー少佐が尊い力ぞえをしてくれても、同じくジープに乗った武装ソ連兵たちに、アメリカ軍占領地区まで追いかえされてしまう。

ときには、トレビッツから二十五キロのところまで進んだが、けっきょく毎回引きかえすはめになった。

こうして十二日が過ぎた。アヴラムさんは「急いで」と言っていたのに！


とうとうソ連軍の将校が、ピエールとパパを、軍管区長ファミーニン将軍のもとへ連れていってくれた。将軍は、机をこぶしでたたいて怒った。

「トレビッツにフランス人の一団など、おらん！」

行きたいなら行けばいい。だが見つけられなければ、ふたりの「立場はむずかしいものになるだろう」――一九四五年のソ連軍占領地区では、これがなにを意味するのか、はっきりしていた。

急いで！　戦車の残骸や、焼けおちた木々が道をふさぐでこぼこ道を、ジープは走った。あまりに急いで、野原ではひっくり返った。

急いで！　ソ連の赤旗でかざられた村むらを、いくつも通り過ぎた（赤旗のまんなかを飾っていた鉤十字の記章は、取りはずされたばかりで、まだ跡が残っていた）。

急いで……！

そしてわたしが、パパを見つけたのだ！

III　さようなら、ありがとう

ファミーニン将軍のもとへ報告に行ったパパが、帰ってきた。パパはてきぱき働いた。ちがう内容のうわさが、いくつも流れた。まず、ソ連軍はわたしたちを帰さないらしいといううわさ！　つぎに、チフスにならなかった者は、帰るのをゆるすといううわさ。そうすると、わたしは帰れるのに、ママは帰れない。

最後に、チフスがなおって感染させるおそれのない者は、帰っていいといううわさ。

それだと、ママは帰れるのに、わたしは帰れない！

パパは、病気の人たちを列車で移動させる担当になり、ピエールは、飛行機で帰る元気な人たち何人か（比較的、ということだが）を受けもった。あとは、連合軍がトラックか列車を用意してくれたらすぐに、ド・ロシュコー少佐に率いられていく。

こう決めたのは、もと捕虜のフランス人ふたりというわけではなかったけれど……。

救急車が何台も来ていて、アメリカ軍占領地区までみんなを運んでくれることになっていた。そこからは、病院列車に乗ってパリまで行く。

わたしに救急車に乗る権利はなく、ピエールといっしょに元気な人たちのグループに入らなくてはならなかったが、それだとまた何日かあとの出発になるか、トラックでということだった。

わたしは、ようやくまたいっしょになれたパパとママからはなれたくなくて、ふたりにこっそりついていくことにした。知らんぷりして、さっと、ひそやかに。

ソ連軍は、乗る前に消毒とシャワーをすませるようにと言った。

「パパ、ほんとに頭はそられない？」

それが、わたしは死ぬほどこわかったのだ。

パパは、少佐の女医さんにまねかれて、会食所でまた食事をした（女医さんはウォッカをボルドーワインで割ったもので、自由フランス軍として戦ったド・ゴールと、ソ連最高指導者スターリンに祝杯をあげた）。

そのあいだ、わたしは家にもどり、小さなハンカチに宝ものぜんぶを入れて結んだ。何年も配給のパンを切ってきてぼろぼろになった「お守りナイフ」、収容されていたある女の人から、亡くなる前に託された銀の指ぬき、出発するときにべつの人からもらったシャープペン。身分証明書、四月二十三日にひろった鋼のブローチ、ピチヴィエで荷物検査のときに見つけた四つ葉のクローバー、消毒作業中に消毒され、ゆがんでしまったレシピのノート、パパからの手紙何通か、などだ。

トレビッツの中央通りを、わたしはあたりを見もせずに歩いていった。わざと無関心なふりをして。

それからパパが、ほろ酔いで救急車のところに来るまで、ふたりの看護婦さんの席のあいだにかくれ、床にすわって待っていた。

出発だ。

ママはうしろで担架に横たわっている。パパは前でジープに乗って、救急車の列を率いていく。

さよなら、トレビッツ。

わたしは、最後に村をひと目見ようとさえしなかった。自分が見つかってちがうグループに入れられてしまうのが、それほどこわかった。まったく外を見なかったから、トレビッツの村を描写することは、すこしもできない!

ママは、救急車がゆれるたびにうめいた。

救急車のフランス人看護婦さんたちは、ほんとうにやさしく相手をしてくれたので、わたしもすこしずつ安心しはじめた。

数キロ進んだころには、わたしは立ちあがって、外のようすを観察しはじめた。

さようなら、ソ連の人たち。さようなら、そしてありがとう。ご恩は一生わすれない。わたしたちは道のとちゅうで出会って、これからあなたたちは東へ、わたしたちは西へ、帰っていく。

車やトラックや荷馬車や、古い辻馬車や荷車の列……。どれにも家具や絵画や機械類やマットレスが、山のように積まれている。ベンチのついた古い二輪馬車は、ピアノまで積んでいて、革命前のロシア農民のシャツを着た男の人が、ラバに引かせている。雌牛の群れもいる。みんな、東に向かっていく。

すごいな、ソ連の人たち。しっかり運んでいってね、みんなで力をあわせて！

めんどりが一羽、バタバタ飛びまわったが、それっ、毛皮の縁なし帽をかぶったソ連兵がつかまえると、家具の山の上に落ち着かせ、走りだした！

なんという大移動、なんという交通量。

交差点ではソ連軍の女性兵士たちが、交通整理と人々の確認をしていた。肩には軽機関銃をかけ、みんな笑顔で、小さな赤い旗でわたしたちを止めた。それから全員の書類をチェックし、救急車のなかを確認すると、もう一方の手に持っていた黄色い旗をあげて、わたしたちを通した。ジープに乗ったパパと、そのうしろに続く六台の救急車を。

わたしはひとりの将校に目をとめた。たくさんの弾薬入れで胸の部分を飾り、笑いながらお酒を飲んでいる。あなたはきっと、フランスの童話に出てくる「ドゥラキン将軍(*)」ね。乾杯、ドゥラキン将軍！

　わたしはふり返った。

「ママ、わたしがだれのことを考えたかわかる？　ドゥラキン将軍のこと！」

　ママはよく聞きとれない返事をし、看護婦さんたちは笑ったけれど、わたしの言ったことをほんとうにわかってくれた人はいなかった。

　つまり、ドゥラキン将軍のことを考えたということは、わたしがほんとうに解放されて、もう全身でそれがわかっているということなのだ。なぜなら前は――ほんの二か月前は、わたしは食べることしか考えていなかったのだから。

　トルガウに着くと、連合軍の英雄たち――ソ連のスターリン、アメリカ大統領ルーズヴェルト、イギリス首相チャーチル、ルーズヴェルトの死後、大統領になったトルーマン、ソ連最高司令官ジューコフ、そして上着のそでに口を八つの星で飾ったド・ゴール将軍――の巨大な肖像画の下で、わたしたちのために、フランス国歌「ラ・マルセイエーズ」が演奏された……！

帰りの旅

Ⅰ　動く病院

わたしたちは、アメリカ軍が占領したライプツィヒに着いた。(1) そして瓦礫や残骸のなかを進んでいった。

到着した病院は、上のほうの階がなくなっていて、瓦礫のなかに三階部分までの姿で建っていた。

訳注（＊）　フランスの作家、セギュール夫人（一七九九—一八七四）が書いた童話。セギュール夫人はロシアのサンクトペテルブルクで生まれ、子ども時代をそこですごした。

原注（1）　ライプツィヒがソ連の占領下になるのは、もうすこしあとのことだ。

アメリカ人の看護士さんたちは、救急車から担架をぜんぶ運んで、病院の玄関ホールの床にひとつずつならべて置いた。

わたしはただひとりの健康な者で、ただひとりの子どもだった。

それからほんの数分で、わたしたちはまったく知らない世界にいた。

若わかしいほほえみをうかべ、清潔でリラックスしていて、とてもしっかり組織化された軍人たちを、わたしは感激しながら見つめた。なにより、そのやさしさ。かろやかで、あたたかなそのやさしさが、傷ついたみんなの心にしみ入った。

わたしは歓迎してもらった。

ソ連の人たちは有能だったが、わたしを膝にのせてキャンディをくれるような将校は、ひとりもいなかった。

あるアメリカ人将校は、わたしに近づいてきて、フランス語で言った。

「ユダヤ人なんですね」

「はい」

「それなら」鼻にかかった発音で、その人は笑いながら言った。「ぼくらはきょうだいです。握手しましょう」

朝、お医者さんや看護婦さんたちが、病気の人たちで手いっぱいのあいだ、わたしは二階の食堂に連れていってもらった。

これがまた、新たなおどろきだった。ひとりひとりが、いくつかに区分けされた特別なお盆を手に、バーのようなところの前を進んでいき、出ている料理のなかから好きなものを選ぶ。

わたしは大喜びで、信じられないような朝食がのった自分のお盆に見入った。卵にソーセージが何本も、とてもあまいシロップがかかったクレープ、白いパン！　バター！　ジャム！　牛乳も！

わたしはパパと手をつないで、瓦礫のなか、街を探検しにでかけた。

わたしたちは、おたがいについて、新しい面をたくさん知った。

ドイツ人たちが何人か、もう瓦礫のかたづけをはじめていた。

わたしたちは、胸につける大きな名ふだをもらった。氏名のほかに、年齢や収容所の名前、収容されていた年数、かかった病気などを書いておく……。

帰りの列車が来た。いろいろな国の戦争捕虜の車両、強制収容所に入れられていた男の人たちの車両、そして病気の人たちを運ぶ車両で、わたしたちはここに乗る。

そしてここに、ドイツで料理人や使用人などとして強制労働させられていたフランス人女性たちの、赤ちゃんのグループも入ることになった。赤ちゃんたちは、フランスまで行ったら児童養護施設に入るそうだ。父親たちは敗走で散りぢりになり、名前もわからないという。

ほぼみんな、いわゆる婚外子だったけど、とてもかわいい。ひとりは看護婦さんから「司祭さま」というあだ名でよばれていた。フランス人女性とドイツ人司祭のあいだに生まれた子だったから。

「疾病者運搬列車」、つまり病気の人たちを運ぶ車両がどんなものか、わたしは想像したこともなかった。

それはほんとうに「動く病院」で、まっ白なシーツがかかった簡易ベッドがたくさんならび、薬や小瓶がぎっしり入った棚がいくつもあって、洗面や洗濯もできるシャワー室と治療室がひとつずつ、ぴかぴかのトイレがいくつか備えつけられている。そして、背の高いアメリカ人の看護士さんや看護婦さんたちがいる。健康そのもの、清潔そのもので、いつもにこにこしている（中国系の人が何人もいた）。

看護士さんや看護婦さんたちは、わたしや赤ちゃんたちがいることに大喜びした。もう何か月も、けが人や病人の相手しかしてこなかったので、飽きることなくわたしたちを見つめ、だいじにしてくれ、いっしょに遊んでくれた。

このころ、ドイツから来る列車の多くがそうだったように、わたしたちの列車も、かつてドイツ軍に取られたフランスの機関車と車両だった。連合軍がとり返したのだ。というわけで、わたしは車体にＳＮＣＦ（フランス国鉄）と書かれた郊外線の車両で、旅をすることになった！

ところが発車まで、何時間もライプツィヒの駅で待たされた。

線路は戦闘でなかばこわれているし、捕虜や収容されていた人たちがあちこちにむけて出発するし、あらゆるところからの、そしてどこことも知れないところからの避難民でごった返しているし、軍隊の移動もあるのだ。

二、三時間待ったころ、ママが急激(きゅうげき)な空腹(くうふく)から胃けいれんを起こし、耐(た)えきれずに食べるものをほしがった。

パパが食べるものをさがしに行ったが、なにも見つけられなかった。食堂車がどこにあるかもわからなかった。

正面のホームには、生きのびた人たちで満員の列車が一台、同じく発車を待っていた。いままではどこでも見かける、生きのびた人たち。もう家族もなく、国もなく……。

そのなかのひとりが、リンゴを持っていて、パパにくれたのだった。

パパはべつの車両で寝起(ねお)きしていたので、主任(しゅにん)のお医者さんの許可(きょか)が出るたびに、わたしたちのところへ来た。それでもじゅうぶんではないと、パパは思っていたのだけれど。

パパはいとしげに、ママをじっと見つめた。うめいたり、興奮(こうふん)したり、うわごとを言ったりしているママを。

わたしはパパにたばこをあげたくて、看護士(かんごし)さんたち全員に、箱の封(ふう)を切ったたばこの残りをちょうだいとたのんでまわった。みんな、こころよくくれた。おかげでパパが来るたびに、新しいたばこでパパをもてなすことができた。

ところがパパは、そんなふうに物をねだってはいけない、ふつうの生活ではそういうことをしてはいけない、もうじきふつうの生活にもどるんだからね、と言った。

うん、わかった。

わたしはソ連の人たちには「フレーブ、フレーブ！」と言ってパンをねだっていたし、アメリカの人たちには「たばこ、たばこ！」とねだった。そういうことは、もうしてはいけないのだ。

戦闘が何度もおこなわれたために、線路も橋も、フランスの鉄道網にはけっきょくほとんどなにも残っていなくて、フランスにもどるのにオランダの南、リンブルフまで行き、とても遠まわりしなくてはならなかった。おかげでわたしたちの旅は長くなったけど、収容されていたオランダ人とベルギー人を降ろすには、都合がよかった。

列車の軍事上の行き先は、ランスだった。でもわたしたち一団の責任者だったパパは、とにかくパリまで行きたいと願っていた。ランスでは、首都パリにもどるための交通手段がなにもなかったからだ。実際、国有の列車やトラックなどは、軍隊がいつでも自由に使えるようにしておかなくてはならなかった。

列車にゆられながら、わたしは将来の計画をたてた。まず、お芝居をする。どうしてもやりたいから。そのあとは、フランス共和国初の女性大統領になる！

そうしたら世界じゅうの国家元首に、毎週日曜日には礼拝のかわりに、焼き殺されてしまう子どものことを芝居にしたものを、見せたらどうだろうと考えた。戦争をはじめるのを、ひょっとしたら考えなおすかもしれない……。

ああ、ギィ……。

わたしはこれからも毎日、ギィのことを思いつづけるだろう……。

ママのベッドの前に寝ているジェルメーヌ・マルクスは、おしりにおそろしいほど吹き出ものができていた。ジェルメーヌはひっきりなしに、いらいらした身ぶりでシーツをはがしていて、そこへパパがあらわれると、そのようすを目のあたりにすることになる。

あわれなジェルメーヌは気が変になっていたので、まわりのなにも目に入ってはいなかった。

ああ、なんという旅だったことだろう！　わたしも正気ではなくなっていた。あまりにうれしくて。

食事はお姫さまになったかのようだったし、まったく目新しい組みあわせの料理も多かった。たとえばある日など、ツナとピーナッツを混ぜたものが出た。とてもおいしかった！

アメリカ人の看護士や看護婦さんたちは、ママを落ち着かせようと、やさしくやってきて歌をいくつも歌ってくれた。ママはどこかの痛みに苦しんでいて、注射をしてほしいと、英語でたどたどしく話そうとした。それから叫んだ。

「注射！　注射！」

主任のお医者さんは、すまなそうにパパを見ると、人さし指でこめかみをたたき、アメリカなまりの発音でこう言った。

「中尉ドノ、アナタノ奥サンハ、ココニキテマスネ！」

お医者さんはまちがっていなかったと思う。


わたしたちの列車は、オランダを通っていった。そしてマーストリヒトで止まり、生きのびたオランダ人たちを降ろした。つぎにベルギーに入って、リエージュでベルギー人たちを降ろした。


列車がフランスに近づくと、わたしの胸は高鳴った。

パパ、これは夢かな？

II　ホテル・ルテシア

ジュモン――フランス北部の街、ジュモンに着いた！

駅はフランス国旗で飾られ、ホームにいる大勢の人たちが、拍手や投げキスでわたしたちを出迎えてくれて、スピーカーからは国歌「ラ・マルセイエーズ」が流れだした。ぐったりしていたママも、状況がわかったようで、泣いていた。みんなも泣いていた。あわれな丸刈りの頭や、骨と皮ばかりになった顔を、窓からたくさん見たホームの人たちも、泣きだした。

まわりじゅう、なんという騒ぎ、なんというどよめき。でもこれはすばらしい騒ぎ、幸せなどよめきだ！

わたしの頬にも涙が流れおち、わたしはママに触れ、パパにも触れ、たくさんの三色旗を見つめ、こちらへ近よろうとする大勢の人たちに、にっこりした。

国際赤十字の看護婦さんが、わたしにオレンジを差しだした。

オレンジ！　ほしくて、わたしはうっとりながめた。

「いいのよ、食べて！」

食べていいのだ！

わたしはまずにおいをかぎ、その丸みをなで、それからママに見せた。

ママは、さらにはげしく泣きだした。

そのあいだにも、ジェルメーヌはまたシーツをけとばし、かけなおしてあげなくてはならなくて、わたしは笑った。みんなも笑った。

列車は、三色旗がゆれるホームのあいだを、ふたたびゆっくり動きだした。みんな、手をふってくれた。

ああ、わたしの国、わたしのふるさと、とうとう会えた。列車のなかからすこしだけ見たオランダも、ベルギーも、美しかったけれど、あなたはもっと美しい。

野原はもっと緑に輝いているし、そよ風はもっとやさしく、太陽はもっときらきらして明るい。

わたしは窓に顔をつけ、もう二度と見られないと思っていた景色を、むさぼるように見つめつづけた。

アメリカ人のお医者さんがそばへ来て、わたしの耳にささやいた。

「ネエ、アナタノ国、アナタノ国ガ、イチバンウツクシイ！」

列車はパリに近づいていた。

「大きな建物がいっぱい」ママが叫んだ。「大きな建物がいっぱい見える」

列車はパリの北駅に入っていこうとしていた。ところがなにやらちがう操作がおこなわれて……「列車はこれからランスに向かいます」と列車長が言った。


「大きな建物が見えなくなった」またママが叫んだ。「大きな建物を見たい」

だがママにはもうむりだった。ママは、ひとりで立つことはできなくなっていたけど、すくなくとも、起きあがってすわりたかっただろう。でも、それもできないのだ。すこしでもたくさんの病人を運べるように、簡易ベッドは三段ベッドだったから、起きあがると頭がつかえてしまい、横になっているしかない。

四日ものあいだ、動くこともできずに横たわっていて、ママはいっそうぐったりしていた。

パパは、列車長にかけあった。

命令に反することにはなるが、それも、いたしかたない。収容されていた人たちは、パリで降ろさなくてはならない。首都からなら、フランス各地に広がる出身地に全員を帰すのが、よりたやすいのだから。

列車長はパパの説得を受けいれ、列車は、こんどはパリの東駅のほうへ走りだした。

もちろん、なにもかもが、わたしにはおどろきだった。遠く国外に追いやられていたわたしに、どうして想像することなどできただろうか。わたしの国が荒らされ、破壊され略奪され、ひどく痛めつけられていて、なにもかも、ゼロから出発して建てなおし、みずからもとの姿にもどらなくてはならないのだとは。

ならば、みんなで力をあわせて復興しよう！

わたしたちは深夜零時に、東駅で列車を降り、救急車でパリを通っていった。

わたしはなにもかもをしっかり見て、思ったことをぜんぶ声に出していた。

お店のウインドーがつぎつぎあらわれた、そのとき。

「ママ、フランシーヌっていうお店があった。わたしの名前とおんなじ！」

運転手さんが笑いだした。

救急車は巨大な建物、高級なホテル・ルテシアの前で止まった。

「この大きなホテルが、収容されていた人たちの受けいれセンターになっていて、家に帰れるようになるまで、いさせてくれるんだよ」とパパが説明してくれた。

外は闇夜で、通りはぼんやり暗かった。

わたしたちは、二階の部屋に案内された。

廊下はしんとしていて、にこやかで親切そうな人たちが静かに行き来していた。

「ベッドで横になって、よくお休みください。明日の朝、医師が診察に来て、それから必要な治療をすべておこなうことになります」

時刻はすでに「明日」になっていて、わたしは眠りかけていたけど、パパに「おたんじょう日おめでとう」と言った。

一九四五年六月十二日。パパは三十八歳になった。

パパとわたしは、一九三九年、わたしがまだほんとうに子どもだった六歳のころ引きはなされ、一九四五年、十二歳で、ようやくまたいっしょになれた。十二歳も子どもではあったけれど、それまでのつらい年月で、どれほどわたしは変わったことだろう。


お医者さんが入ってきた。パパはクロゼットにもたれていた。わたしは窓まであとずさりした。

毛布がめくられると、軍のカーキ色のシャツのえりが見えた。ママは弱よわしくほほえんだが、それは異様でこっけいに見えた。なにしろ頭が、羽根をむしられた鳥みたいなのだから。お医者さんは近づくと、ママの頬を軽くたたいた。

「心配しなくていいよ、ぼうや、助けてあげるからね」

すると、パパの低い声がした。

「先生、その『ぼうや』は私の妻です」

おばあちゃんは、わたしたちが帰ってきたという連絡を受けていて、ホテルに来てくれることになっていた。

戦争末期、おばあちゃんはわたしたちのたいせつな友、クロおばさん——一九四二年、わたしたちが非占領地域にむかって出発したとき、黄色い星を焼いてくれたあの人だ——の家にかくまわれ、階段の下で眠ってひっそり生きていた。

パパが、メナルデ神父さまの話をしてくれた。神父さまは、オペラ座のバレリーナの卵たちの司祭であり、レジスタンスの一員でもあり、ユダヤ人と、パラシュートで上陸した連合軍の兵士たちを大勢助けたという。

その神父の地下組織網で、おばあちゃんは働いていたのだが、ある日こう言われたのだ。

「早く、クロの家へ。あなたを逮捕しに、人が来る」

おばあちゃんは、そのすばらしい友である神父さまの自転車の荷台に乗せてもらって、あらわれるのではないかと思いえがいていたので、ひとりでエレベーターから降りてきたのを見たときには、がっかりしてしまった。

大好きなおばあちゃん、むかしの半分ぐらいにやせてしまって、でもあんなにぎゅうっと抱きしめてくれて！

お医者さんはわたしを手でさわって触診し、聴診器を当て、うしろをむかせ、なでまわし、一センチずつ検査した。心臓に雑音、腸はひどい状態、カルシウム不足、脚の重い浮腫、貧血——などと話しているのが聞こえた。うんざりするような長いリストだった。

「わたしなら元気だけど」わたしは言った。「生きてるし」

二階の窓から、わたしは身をのりだしてながめた。ホテルの玄関ポーチの左側にある窓だったので、ラスパイユ大通りのまんなかの広い歩道に、大きな木の掲示板が立ったのが見えた。

収容されていた人たちが到着するたびに、そこに名前が貼りだされるのだ。

掲示板の前には、人々が不安そうに押しよせた。

ときどき歓声があがって、急いでホテルに入ってくる人がいる。感動して身動きもできずに、体をふるわせはじめる人もいる。気絶してしまう人もいる。収容されていた人を見つけると、みんな集まってくる。

「誰それを知りませんか？　金髪で、ええ、背が高くて、いついつ、どこそこの刑務所から連れられていったんです。知らない？　ああ……」

毎日、二度三度とやってくる人たちもいる。そして毎回、うなだれ、疲れをにじませ、打ちのめされたようすで帰っていく。

そのうちの多くの人が、それでもまたやってきた。毎日毎日、掲示板の名前を見に。掲示板がはずされ、ホテル・ルテシアの受けいれセンターが閉鎖されるまで、毎日。

小さなミシェルは、ホテルに入ってくるなりパニックを起こして叫んだ。

「ぼくのバラック、ぼくのバラック、ぼくはあのバラックがいい！」

パパは、ド・ロシュコー少佐からのことばを伝えに、省庁に出向かなくてはならなかった。

そこでは、ほかの人たちが待っているのだ……。

パパは、トレビッツで電話番号をあずかった人たちの家族にも、たくさん電話をかけた。

ダニエルおじさんは、軍服姿のままで、わたしをさがしにきてくれた。

わたしがホテルの入り口まで出ていくと、集まっていた人々は息をのんで、静まりかえった。それから女の人の声がした。

「子どもじゃないの……」

そうです、わたしは子どもです。老いてしまった気がするけれど、子どもです。生きている子どもは、わたしがいたところには、たしかにたくさんはいませんでした。

わたしはドイツ軍が出した統計からも、はみ出ていた。強制収容所に入れられた人たちは、六か月しか生きられないとされていたのだ。

わたしはぜんぶ足すと、三十六か月、生きのびた！

わたしたち家族は、家に帰れなかった。「わが家」は、もうなかったのだ。帰国してから知って、とてもおどろいた。

ドイツ軍は、わたしたちの家から家財道具をぜんぶ持ちだしたあと、そこにナチス協力者とその家族を住まわせていた。

その人たちを追いだすのは、簡単だったのかもしれない。でも……彼らの家はノルマンディーの西、コタンタン半島にあって、連合軍が上陸したときに爆撃を受けたという。つまり被災していて、いまの住まいを出たがらなかったのだ。

もっとも、わたしたちがつかまっていたあいだにお金をかせいだようで、うちを買いたいと言ってきた。

なのに、わたしたちから取れるものは取ろうとばかり、なかなか同意しなかった。

外のスピーカーが、生きのびた人たちの名前を伝える声で、ママは目ざめた。

帰国後最初の治療と検診が終わって、わたしたちはおばあちゃんの家に住まわせてもらうことになった。

わたしたちは、ひとりずつ小さな箱をもらった。もうなにも持っていないも同然だったから、ありがたかった。

入っていたのは、ワンピース一枚（ああ、なんてすてきなの！）、下着一枚、靴下一足、セーターとシャツが一枚ずつ、木底の靴が一足。それから石けん。砂糖や小さなクッキー、イワシの缶づめに練乳と、あれこれ食べものが入っている小さな包み。身分証明書がわりになる帰還者カード。そして現金五千フラン。

生きのび、帰ってきたフランス人はみんな、この援助の品じなとともに再出発するのだ。

ホテル・ルテシアのみなさん、ほんとうにありがとう。昼も夜も、いつもそばで、わたしたちのために「待機」してくれていて、わたしたちがふつうの生活にもどるのを、再出発して生きるのを、手伝ってくれた。

先に帰ってきていたユダヤ人たち、クリスチャンたち、ふつうの人たち、お医者さんたち、レジスタンスの人たち、キリスト教、イスラム教、仏教の、三大宗教の奉仕活動の人たち。

あらゆる立場の、有能で善良で、献身的に手をさしのべてくれたみなさん、ほんとうにありがとう。

Ⅲ　べつの世界

わたしたちは、おばあちゃんの家に落ち着いた。

ママは、あきらかにおかしくなっていた。すくなくとも、フランス人のお医者さんたちはそう言った。家族のかかりつけ医も、そうでないお医者さんも。

彼らはママを精神病院に入れようとしたが、パパは、これはチフスによる一過性のものだと説明し、わかってもらおうとして、文字どおり戦った。ママが、早くまた世の中に出ていけるようにするには、病院に入れるのではなく、逆に、できるかぎりおだやかであたたかな環境ですごさせなければならない、と言って。

わたしは平気だったのだけど、ママが「分身」に話しかけているのを見ると、みんな息をのんだ。

ただ、「分身」が窓のむこうを通っていったと言って、ママが追いかけようとしたときには、パパとふたりでママをベッドにおさえつけた。

窓はカンボン通り(*)に面していて、上がホテルになっているカフェで働く女の人たちと、アメリカ兵たちのようすが見えた。

女の人たちのあの髪型、どうやったらあんなに高くアップに結っていられるんだろう？　それにみんな、どうやったらあんなに酔っぱらえるんだろう？

ときどき憲兵が来て、秩序を正していった。


ママが落ち着いているときには、パパとふたりででかけた。

おたがい、いろいろな話をして、また新しい面を発見しあい、とてもうれしかった。

そしてふたりで、自由になったパリという未知の世界を発見していった。

パパは、物の値段にショックを受けていた。

「見てごらん、このお菓子。戦争前なら、食事が一回できた値段だ」

わたしは信じられず、パパは怒っていた。

しょうがない。

ロワイヤル通りでラデュレ(**)の前を通ったときには、シュークリームが見えて、胃が飛びあがりそうになった！

「シュークリームですって！」お店の人は言った。「ちがうんです、これは焼きリンゴ！」

まあいいか。どっちにしても、わたしたちは食べたいから。

そのあとは、赤い革のショルダーバッグ（流行ってる！）に吸いよせられた。

これ買って、パパ、わたしのはじめてのバッグにしたい！

「革だなんて！」お店の人は言った。「ちがうんです、これは紙を撚って編んで、色をつけたもの！」

まあいいか。どっちにしても、ほしいから。

まったく、むこうに、遠い牢獄にいたときに、想像できただろうか。帰ってきたら、国には小麦粉も革も、列車も、なくなっているなんて。

訳注（＊）パリのほぼ中央、一区にある。

（＊＊）カラフルなマカロンやケーキなどで有名なパリの老舗。

そして、お金もなくなっていた。

わたしたちがささやかな贅沢をしたのは、お菓子とバッグのふたつだけだった。

パパには仕事がなかった。

最初の二冊を書いて得たお金は、ドイツ軍に持っていかれたし、本も二冊とも廃棄された。捕虜収容所で書いた原稿も、ドイツ軍に捨てられていた。

そして歴史の本を書くには、一年はかかるのだ。

だいいち、パパは自分の体をなおさなくてはならず、妻と娘の世話もしなくてはならず、家も取りもどさなくてはならない。

捕虜になっていた人たちはみんな、大喜びで家族に迎えられ、たいせつにされた。

パパは、世間からわすれられた存在になっていた。合計五年の捕虜生活、そのうち一年は懲罰のための収容所と言われたところにいたのに（ここで健康をそこなったのだ！）、当局には、パパの補償よりさきにしなくてはならないことがあったらしい。

かわいそうなパパ。朝はいろいろな用事で駆けまわり、午後はママのようすを横目で見ながら執筆し、夜は「食べていくために」いくつものペンネームで、新聞や雑誌に記事を書く[1]。

家を買いもどすには、いすわりつづけている人が要求する一万五千フランをかせがなくてはならなかったのだ。

どのユダヤ人の家族にも、いなくなった人がいた。全員が無事だった家族は、まずなかった。

だからわたしたちは、変わった動物みたいな目で見られた。三人つかまって、三人とももどってきたなんて。

わたしのひいおばあちゃん――わたしは「年上のおばあちゃん」とよんで、「下のおばあちゃん」のほうとまちがえないようにしていた――は、孫たちが二十五歳にもならずに死んだのを知らないまま、九十歳で亡くなった。ジュリアンのふたごの息子と、銃殺されたウジェーヌの息子のことを……。

原注（1） 捕虜になっていたあいだ、パパは自分に送られてくる小包を便せんと交換し、ママとわたしの解放のために、あちこちに手紙を書いてくれていた（『Une famille dans la guerre（戦争のなかのある家族）』ロベール・クリストフ、マルセル・クリストフ共著、一九七四年ラルマタン社刊による）。

何日かすると、わたしはニースのシャルルおじさんとおばあちゃんのところへ行くことになった。

おじさんは、新年度からまたわたしが学校に行くことを考えて、毎日わたしに勉強させた(*)。

そうだった、わたしはまた学校に行かなくてはならないのだ。

学校に行かなくてはならないし、落ち着いた生活にもどらなくては、世の中でもう一度自分の居場所を作らなくてはならない。わたしたちをすこし警戒している世の中で。なにしろわたしは、連行されて牢獄にいたわけだから！

ああ！　自由だった人たちと会ったり話したりするようになった、最初のころといったら！

だれがわたしをわかってくれただろう？　というより、だれがわたしのことをわかろうとしてくれただろう？

わたしがなにかの菌をうつすのではないかと恐れて、自分たちの小さな娘に近づけさせまいとした夫婦！

わたしはどこもかしこもきれいにあらったし、シラミもいないし、消毒も受けてブラシでこすっているのに。

太陽の下、ニースのアルベール一世公園で、土を掘りおこす作業をしていたドイツ人捕虜たち。彼らはきちんと食事をもらい、まともな服を着て靴もはいているのに、通りがかる人たちに気の毒がられていた。

「かわいそうに、こんなカンカン照りのなかで」

それをわたしに言う？　このわたしに！

こう言われることも多かった。

「あら、あなたは頭をそられなかったのね？」すこしがっかりしたように。たぶん。

そして質問する人たちは、しつこい――。

「あなたたち子どもは、なにをしてたの？　作業とか、労働とか」

訳注（＊）欧米の学校の新年度は、四月ではなく九月。

「なんにも……」

「なんにもって、そんなことないでしょう」

わたしはもううんざりしていたし、相手をがっかりさせたくもなかったので、てきとうに作り話をした。

「えーっと、穴を掘らされてた」

「穴？　なんのために？」

「なかに石をほうりこむの」

「なかに？　それ、なんの役にたつの？」

「なんの役にも」

「なんの役にもって。どうしてなんの役にもたたないの？」

ああ！　もうほっといて。ぜんぶわすれた。

どうやって説明すればいいんだろう、わたしたち子どもにとってつらかったのは、実際、なにもすることがなかった毎日だったのだ、と。

くる日もくる日も、ただぶらぶらして、文句も言わずにただただ従って、赤痢でお腹は痛くてたまらず、とびひで皮膚はボロボロになっていき、毎日どんどんひどくなるのに、それでも強制収容所の道という道をぶらつき、焼かれる死体のにおいがする空気を吸って、気をまぎらわすには積みあげられた死体の数をかぞえ、ちょっとしたちがいを見つけて（あ、この人には胸毛がある。こっちの人は足がまがってる）、とにかく終わりを、こんな毎日から解放されるほんとうの終わりを、つまり死を、待つしかなかったことなのだ、と。

「ほんとうに、とっても苦しい思いをしたの？」（すこし疑い深そうに）

「ああ！　そりゃもう、とっても」（これで相手は満足するようだ）

「自分の服を着ていられたなんて！　じゃあ、カポだったんだ！」

「よかったですねえ、腕に入れ墨されなくて！　ほかの人たちは、入れ墨をかくすのに腕輪をしなくちゃならなくなってるのに！」

「そんなに早食いしちゃだめ、体に悪いから。ほんとに飢えてたみたいね！」

ついにママがベッドから出て、パパとニースに来てくれた。

ああ！　ふたりがわたしを迎えに、腕を組んでにこやかに歩いてくるのを見たときには。

パパとママ、わたしのすべて、ふたりでひとり、わたしにとっての一たす一は、一。

そう、たしかにわたしは、運にめぐまれた！　たとえ病気でも、お金も家もなくても、わたしたちはこうして三人でいられる。わたしは歓喜の歌を書きたくなった。

戦争は、子どもをなくした親たちと、親をなくした子どもたちを、ほんとうにたくさん生みだしたのだ。

夫婦やカップルでも、たとえ再会できてもけっきょく別れてしまったり、心が通わなくなったりした人たちが、どれほどいたことだろう。

わたしの両親のあいだの愛よ、消えずにいてくれて、ありがとう。

ママは、白いすてきな帽子をかぶっていた。かぶると顔のまわりがはなやかになったし、髪をそっているのもかくせた。むくんで太くなった首も、なかなかすっきり元どおりにはならなかった。

ところが海岸で、ママは急にいらいらして、水泳帽をむしり取ったのだ。

みんながママを見た。

ママも、敵のナチスと「関係」をもった罰に髪をそられた女だと思われるのではないかと、わたしはこわくてふるえた。(*)

それで自分のタオルを、ママの頭にかぶせた。

「もう！　いつも頭をおおってなきゃいけないのは、うんざりなの！」

ママはそう叫んだ。


わたしは、高く高く盛る流行の髪型にしたくて、まだ短い自分の髪を、いっしょうけんめいふくらませようとした。

でもショーウィンドー（なかは空だった！）にうつる自分の姿を見たら、そんな気持ちもさめた。お腹が出て、青白い足も重そうなシルエットは、十二歳のわたしの理想像とはちがっていた。


訳注（＊）終戦直後のフランスでは、ドイツ兵と恋愛関係にあったフランス人女性が、つかまえられて髪をそられたり、さらし者にされたりした。

かろやかに、すぐ息を切らしたりすることもなく、なめらかな肌をして長い髪を風になびかせながら、追いかけっこするように駆けぬけていく女の子たちが、わたしはすこしうらやましかった。

学校にもどるのは、もっとむずかしいことに思えた。シャルルおじさんが勉強を見てくれたおかげで、授業にはついていけたけど、公立中学ラシーヌ校一年に入る試験には落ちてしまった。

むかし通っていたジュフロワ通りの小学校は、同じ女の校長先生で変わっておらず（なんとラッキー）、わたしを受けいれてくれることになった。その後、試験なしで、オクターヴ・グレアール中学の二年に編入することになった。

仲よしだった友だち、クリスチアーヌ・モローとシュザンヌ・ブリュントーに、また会うこともできた。ふたりとも、例のばかげた質問などしないで、ただわたしににっこりしてくれた。

でもわたしは、うまくにっこりできなかった。ふたりの子どもっぽい話はつまらなかったし、おたがい、もうわかりあえなくなっていて、おしゃべりもできなかった。

話題が合わないのだ。

家族のひとりが亡くなったと聞いたときも、ふたりが悲しむのをよそに、わたしは肩をすくめただけだった。たったひとり、死んだというだけで、どうして泣いたりできるの。

ふたりとも、まるで赤ちゃん。幼稚っぽい。

あなたたちの遊びはつまらないし、冗談にはうんざり、笑いにはいらいらさせられるし、秘密には怒りだしたくなる。

あなたたちにはついていけない。わたしたちの気持ちは、もう合わない。平行線をたどるだけ。

わたしはもう、あなたたちの世界にはいないのだ。

わたしはべつの世界、強制収容所があった世界で生きている。

新たな出発

それは、つらく苦しいことだった。

収容所で、人はあまりに夢を——苦労のない美しく楽しい暮らしにもどる夢をみるから、実際にもどってみると、現実に打ちのめされてしまうことがよくあったのだ。

ママは、解放されたらエステサロンに行きたいと言っていたけど、実現せず、三年のあいだ、はげしい痛みをかかえてすごした。何か月も寝たきりになり、モルヒネで痛みをおさえて、けっきょく脊柱の手術をした。

家は取りもどすことができたものの、お金を借りて支払ったのだった。裁判は時間がかかるので、勝つとしても、結果が出るのを待っていられなかったのだ。

避難させておいたいくつかの家具は、無事だった（あずかってくれた人たちの献身のたまものだ）。財産を奪われた者ということで、わたしたちは国からベッドと腰かけ、たんす、白い木のテーブルももらえて、よかった。

国自体は、収容所より一年早く解放されていたため、パパが帰国したときには、いろいろな働き口が、もううまっていた。新聞雑誌や文学の世界では、とりわけ仕事が少なかった。

でもパパは、病気のママをかかえて一刻も早くかせがなくてはならなかったので、昼間は重いかばんをかかえてセールスの仕事をし、夜はひと晩じゅう、同じ新聞に五つのペンネームで、五つの記事を書いた。

わたしが学校から帰ってきて、ママの看病ができるときも、パパは書きに書いた。帰国してから二、三週間のころ、徹夜とママの看病で疲れはてていたパパが、すてきなハムやソーセージの高級店の前で、ほとんど泣きそうになっているのを見たことがある。パパのおさいふでは、目の前のおいしそうなものも、ひとつとして妻に買ってあげられなかったからだ(当時、作家には生活を補助する社会保障がなかったので、家計はいっそう苦しかった)。

パパとママは、ほんとうはもうひとり、子どもがほしいと思っていた。きっと男の子、名前はベルナールにする。

でも、ベルナールがこの世に来てくれることはなかった。ママの体がこわれてしまったから。

わたしは、どうにかこうにか勉強していた。なにもかもに敏感で、感じやすかった。中学二年のとき、ラルシニーという同級生が、わたしがユダヤ人だとわかったとたんに叫んだ。

「汚らわしいユダヤ人、国へ帰れ！」

そう、ヒトラーが広めた思想が、まだ……。

このときから、わたしは勉強することができなくなり、学校での毎日はいっそうつらくなった。

収容所にいた者はだれも、そこから完全にもどれはしないのだ。

わたしはそれからも毎日、悲しい経験をさせられることになる。

わたしは、収容所という「寮生活」をともにした仲間たちと会うのが、好きだった。みんな笑って、当時のことをそうよんでいた。わたしたちはおたがい、わかりあえた。

けれどそれでも、帰国してから、どれだけ悲劇が起きたことだろう。

ある友人は、何年もしないうちにだんなさんを亡くし、収容所から連れ帰ることのできた息子も、二十五歳で亡くしたのだ。

才能にめぐまれ、なにをしてもできたべつの男の友人は、学業では輝かしい成績をおさめながら、女性関係だのお酒だの、まったくいいかげんな生活を送った。医者たちから、長く生きられないと知らされていたからだったという。

彼は二十八歳で亡くなった。

生きのびた人たちの多くが、けっきょく死から逃れられなかったのだ。収容所からもどってきたとはいえ、ほとんどの人が亡くなった。

わたしは十八歳になるすこし前に、おばあちゃんが亡くなって、愛する人をうしなうというのがどういうことなのか、はじめてわかり、ついにたったひとりの死者に対して、涙を流したのだった。

現在

強制収容所は、わたしになにを残したのだろう？

わたしはいまだに、悪夢にうなされて飛びおきることが、よくある。

となりの人の料理をものほしげに見ていることに、はっと気づいて、自分で自分を笑うこともある。

ユダヤ人の集まりがあるときには、もし人が逮捕しにきたらどこから逃げるか、まっさきに考えておく。だから住むのは、出入り口がふたつある建物がいい。

いまでも犬がこわい。武器がこわい。夜がこわい。

ユダヤ教徒の虐殺は、どこの国のことであれ、気持ちが動転する。ヒトラーのあの「ユダヤ人問題の最終的解決(＊)」の続きが起きたように感じてしまうからだ。

わたしたちはみんな、絞首刑にされ、ロープが切れて生きのびた者たちだ。

ドイツ人と接するのは、つらい。若い人たちならいいのだが。でもあの年代の人たちだと、わたしのなにもかもが縮こまり、びくびくする。思わずその人の制服姿を想像してしまい、行動し、命令し、なぐり、叫ぶところを思いえがいてしまう。

ドイツ語にも、同じように不安をかきたてられる。とても美しい歌曲や詩でさえ、わたしの耳には、どなり声にしか聞こえない。

ドイツという国に、憎しみは抱いていない。そうでなければ、わたしを迫害した人たちと同じになってしまう。

けっきょく、ユダヤ人であるというのは、そういうことなのだろう。苦悩を分かちあいながら、憎しみは拒否して生きていく。

訳注（＊）第二次世界大戦中、ヨーロッパのユダヤ人の存在自体が「問題」だというナチスの考えかたから、組織的にユダヤ人の大量虐殺、いわゆるホロコーストをおこなおうとしたナチス・ドイツの計画の名前。

五十年……

「ここベルゲン＝ベルゼンに、わたしはもどってきました。五十年のあいだ、このときを待っていたのです！

でも、門をくぐったとたん、わたしの足は不意に止まりました。鳥のさえずり……鳥の歌声が、あちこちから聞こえてきたのです……。強制収容所には、鳥はいなかったのかしら、とわたしは考えました。わかりません。いたのかもしれませんが、姿は見えなかったし、声も聞こえなかった。目も耳も、ほかのものでうばわれていたからでしょう。

ベルゲン＝ベルゼンでは、いまは鳥たちがいたるところで歌っている。

ああ！　わたしのいた収容所が、なんと美しくなったことか！

わたしは誇りでいっぱいになりました。むかし、わたしが十一歳で、ここで一年すごしたときには、こんなふうにきれいではありませんでした。チフスが猛威をふるい、蔓延していたので、解放にやってきたイギリス軍は、なにもかも焼きはらわなければならなかったのです。焼却場さえです。

きれいになったこの場所を、わたしは歩きに歩きました。目の不自由な人のように両手で前方をさぐり、目じるしになるものをさがし、わたしのいたバラックはどこだったのか、診療所は、点呼の広場はどこだったのか、思い出そうとしました。でも、だめでした。なにもかもきれいで、緑につつまれて、平和で、暗かった森にさえ日の光が差しています。ただ、ところどころに小高い山があって、「ここでの死者は五千人」「ここでの死者は二千人」「死者数不明」などと書いてあります。

それでも鳥たちは歌っている。もうすこしで、わたしは草の上に寝ころぶところでした。

それから、博物館に入ったのです。そこには死体置き場や、死体を積んだ荷車、泥のなかで死んでいこうとしている人たちなどの写真がありました。わたしはそれで、気持ちが落ち着きました。子ども時代のあの世界が、ここにちゃんとあった、と……」

五十年……。

聞くがいい、かつての収容所の看守たちよ、いまも生きているなら！

聞くがいい、勝利の女神は、わたしにほほえんだのだ。「絶滅」させられかけた、わたしに――わたしはいのちという贈りものをつないで、いま、何人もの子どもたち、孫たちにかこまれている。

フランシーヌ・クリストフ

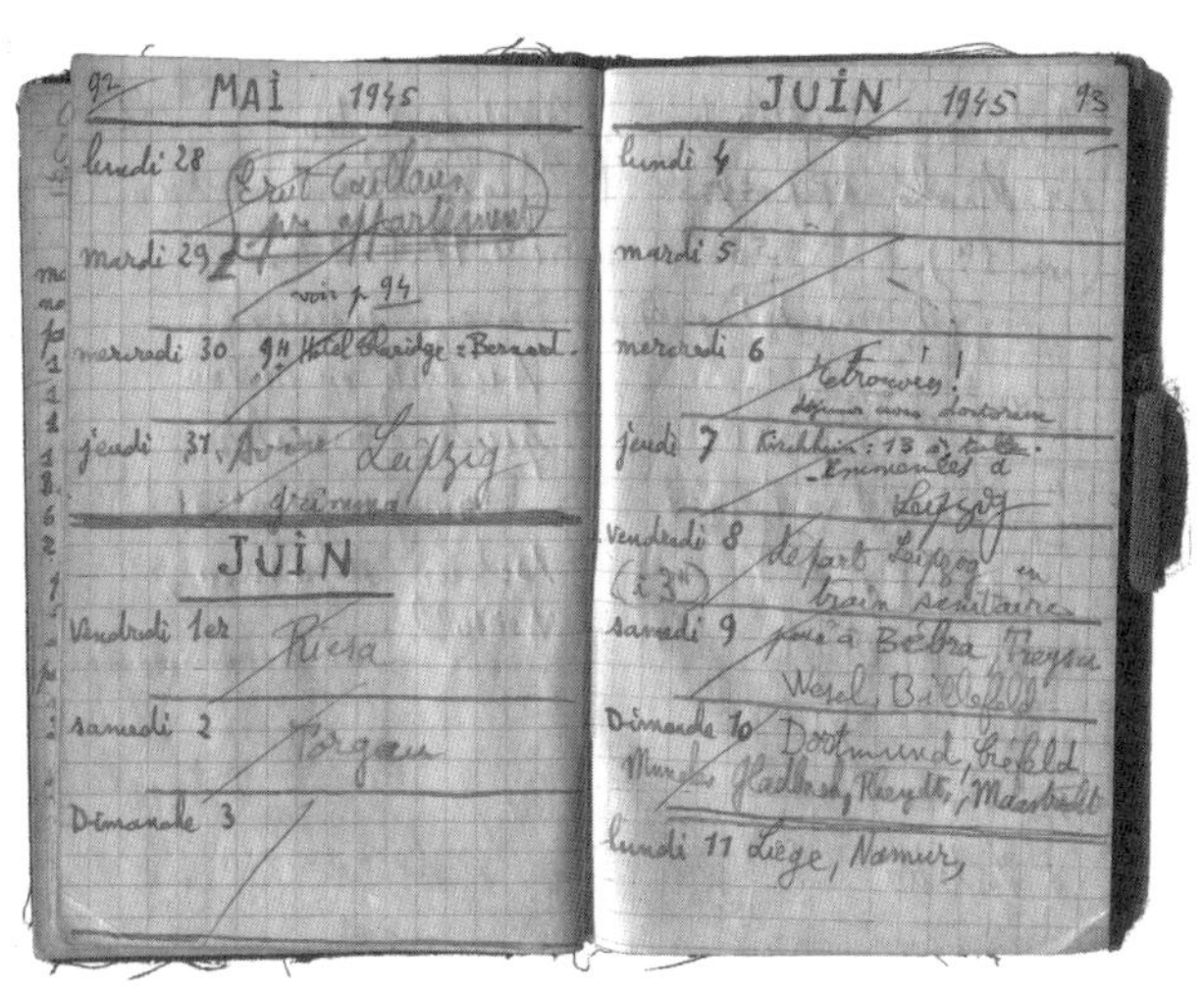

父ロベールの手帳。
「再会！」1945年6月6日、水曜日。
フランシーヌが父と再会を果たした日。

つぎの歌は、自由だった時代に書かれたものです。
これをわたしに教えてくれた人たちに
迫害（はくがい）のさなか、いっしょに歌った人たちに
そして亡（な）くなった人たち全員に
ささげます。

別れの前に　声をあわせよう
ぼくはこれから　あちこちをめぐるから
人生はすばらしく　世界はこんなに美しい
だからともに　別れの歌をうたおう

（くり返し）
ぼくは世界じゅうに　喜びを運んでいく
かばんに歌をつめこんで
ぼくはうたう　愛を　信じるものを
だから　長い旅になるだろう
ぼくは行く　街から街へ　野から野へ
心は憎しみに染まらない

ポケットは空っぽでも　歌うんだ
すると歌は野の空高く　響きわたるだろう
そしてもし　とちゅうで死に神に出会い
貧しい者たちとともに　その鎌で刈られるなら
いいさ、ぼくは長い長い旅に出よう
最後に　別れのことばを告げて

フランシーヌのアルバムより

左上：フランシーヌと父ロベール。ニースにて（1939年）
右上：新学期の制服を着ているフランシーヌ（1939年）
右：父ロベールと母マルセル（1939年11月30日）

母マルセルより。ボーヌ＝ラ＝ロランド収容所から父ロベール宛の葉書。

HB-I-66-53
Kriegsgefangenenpost
Correspondance des prisonniers de guerre
Antwort-Postkarte
Carte postale de réponse
An den Kriegsgefangenen
Au prisonnier
OFLAG XVII A 404 GEPRÜFT
Lieutenant Christophe Robert
Gebührenfrei! Franc de port!
Absender: / Expéditeur:
Vor- und Zuname: / Nom et prénom: Madame CHRISTOPHE Marcelle
Ort: / Lieu:
Straße: / Rue:
Kreis: / Département:
Gefangenennummer: / No. de prisonnier: 2887
Bar. 21.
Lager-Bezeichnung: / Nom du camp:
Kriegsgef.-Offizierlager XVII A
Deutschland (Allemagne)

左：フランシーヌから父ロベールへの手紙。戦争捕虜家族専用の便せんに書かれている（1943年2月15日）

ボーヌ＝ラ＝ロランド収容所でいっしょだった男性が描いたフランシーヌの肖像画（1942年）

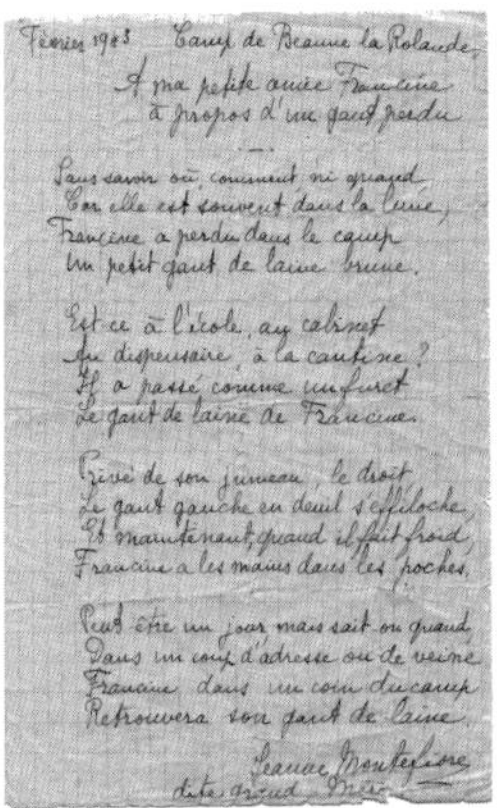

Février 1943 Camp de Beaune la Rolande

A ma petite amie Francine
à propos d'un gant perdu

Sans savoir où, comment ni quand
Car elle est souvent dans la lune,
Francine a perdu dans le camp
Un petit gant de laine brune.

Est-ce à l'école, au cabinet
Au dispensaire, à la cantine ?
Il a passé comme un furet
Le gant de laine de Francine.

Privé de son jumeau, le droit
Le gant gauche en deuil s'effiloche
Et maintenant, quand il fait froid
Francine a les mains dans les poches.

Peut-être un jour mais sait-on quand
Dans un coup d'adresse ou de veine
Francine dans un coin du camp
Retrouvera son gant de laine.

Jeanne Montefiore
dite Grand Mère

「小さなお友だち、フランシーヌに」原稿（本文 p.80）ボーヌ＝ラ＝ロランド収容所にて（1943年2月）

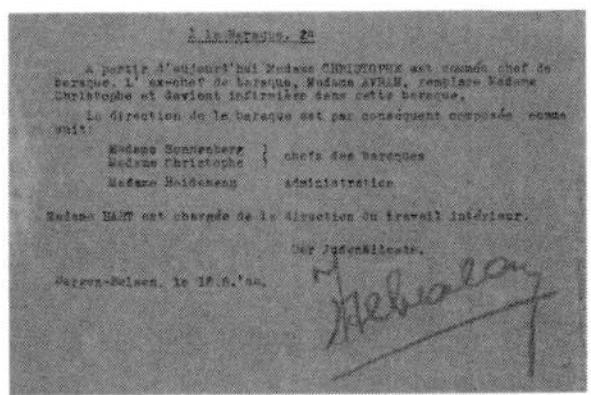

A la Baraque 24

A partir d'aujourd'hui Madame CHRISTOPHE est nommée chef de baraque. L'ex-chef de baraque, Madame AVRAN, remplace Madame Christophe et devient infirmière dans cette baraque.

La direction de la baraque est par conséquent composée comme suit:

Madame Sonnenberg } chefs des baraques
Madame Christophe }

Madame Heidemann administration

Madame HART est chargée de la direction du travail intérieur.

Der Judenältester.

Bergen-Belsen, le 18.6.'44.

母マルセルがバラック長に選ばれた（本文 p.148）時の書類（1944年6月18日）

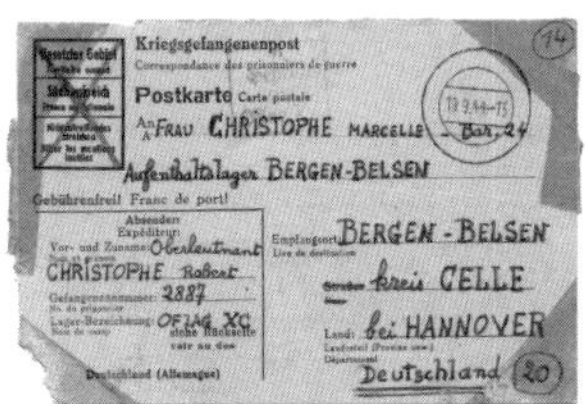

Kriegsgefangenenpost
Correspondance des prisonniers de guerre

Postkarte Carte postale

An Frau CHRISTOPHE MARCELLE Bar. 24
Aufenthaltslager BERGEN-BELSEN

19.9.44

Gebührenfrei! Franc de port!

Absender Expéditeur
Vor- und Zuname: Oberleutnant CHRISTOPHE Robert
Gefangenennummer: 2887
Lager-Bezeichnung: OFLAG XC

Empfangsort: BERGEN-BELSEN
Kreis CELLE
Landkreis: bei HANNOVER
Land: Deutschland
Deutschland (Allemagne)

父ロベールより。
ベルゲン＝ベルゼン収容所のマルセル宛の葉書（1944年9月19日）

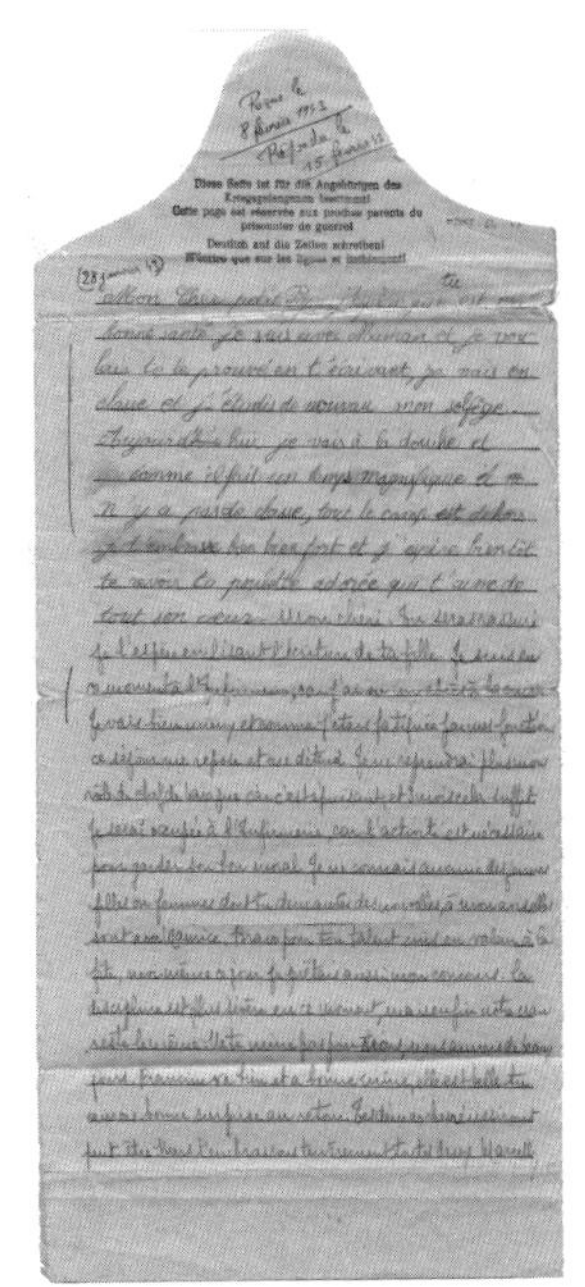

●フランシーヌ・クリストフ年譜（一九三九〜一九四五年）

西暦		年齢	フランシーヌに起こったできごと	世界と日本のできごと
一九三九年	八月 九月	6	六歳の誕生日。 父ロベール・クリストフ中尉、軍に召還。	一日、ナチス・ドイツ軍によるポーランド侵攻。フランスでの総動員令。 三日、イギリス、フランスがドイツ第三帝国に宣戦布告。
一九四〇年	五月 五〜六月 八月 九月 一〇月	7	母と南仏ニースの北部シミエに居住。 パリにもどる。父が短期休暇で帰還。 母とブルターニュ地方のほぼ南端の町、ラ・ボールへ。 父が捕虜に。 七歳の誕生日を両親と祝う。父はフランス西部の都市ラヴァルの神学校に拘留。 母とパリへもどる。 父はドイツの捕虜士官収容所へ移送される。 （フランス政府がユダヤ人の人口調査）	ドイツがオランダ、ベルギーなどに侵攻。 オランダ、ベルギー降伏。 ドイツ軍によるフランスへの全面攻撃。 フランス降伏。 日本、ドイツ・イタリアと軍事同盟を結ぶ。 ヴィシー政権によるユダヤ人迫害法が成立。

年	月	年齢	出来事	社会の出来事
一九四一年	五月		（ピチヴィエとボーヌ＝ラ＝ロランドに強制収容所ができる）	初のユダヤ人（外国籍）大量検挙。
	六月			ドイツとソ連軍が開戦。
	八月	8	八歳の誕生日。 （ドランシー強制収容所ができる）	二〇～二五日、パリで二度目のユダヤ人大量検挙（すべて男性）。
	一二月		一二日、警察が父を検挙しようとする。	八日、日本軍、アメリカ真珠湾基地を攻撃。 一〇日、セーヌ県在住のユダヤ人に県外外出禁止令。 ユダヤ人実業家、知識人の一斉検挙。ほぼ全員がフランス国籍。
一九四二年	六月			ミッドウェー海戦で日本軍敗北。 七日、ドイツ軍占領地域に住む「満六歳以上の」ユダヤ人に、黄色い星のしるしをつけることを決定。
	七月			一六～一七日、パリでヴェル・ディヴ競輪場大量検挙事件。検挙人数は約一万四千人、うち四千人以上は子ども。女性と子どもに対する初の大量検挙。

西暦		年齢	フランシーヌに起こったできごと	世界と日本のできごと
一九四二年	七月	9	二六日、母とラ・ロシュフーコーで逮捕される。 三〇日、アングレームの刑務所へ移送。	二〇〜二三日、ヴェル・ディヴ競輪場に収容された約八千人がボーヌ＝ラ＝ロランド強制収容所、ピチヴィエ収容所へ移送。
	八月		三日、ポワチエ強制収容所へ移送。 七日、ドランシー強制収容所へ移送、母たちはピチヴィエ収容所に転任。九歳の誕生日。	ドランシー強制収容所から一部の子どもたちをアウシュヴィッツ強制収容所へ移送。
	九月		母とボーヌ＝ラ＝ロランド強制収容所へ。	
一九四三年	六月	10	二一日、ドランシー強制収容所へもどる。	
	八月		一〇歳の誕生日。	
	九月			四日、日本、上野動物園の動物が薬殺される。
	一二月			日本、学童の縁故疎開を推進。
一九四四年	五月	11	母と、捕虜となったフランス軍軍人の妻子たちとともに移送される。 七日、ベルゲン＝ベルゼン強制収容所に到着。	
	六月			六日、ノルマンディー上陸作戦。
	八月		一一歳の誕生日。	日本、集団での学童疎開が行われる。 二五日、パリ解放。

年	月	年齢	出来事	世界の出来事
一九四五年	二月			チャーチル、ルーズベルト、スターリンがヤルタ会談を行う。
	三月			一〇日、アメリカ軍による東京大空襲。
	四月		ベルゲン＝ベルゼン出発。SSにより、フランス、オランダ、ドイツ、ギリシャなどの捕虜の妻子たちが列車に乗車。 二三日、SS、列車を放棄。ソ連軍により、トレビッツ（ベルリンの約八〇キロ南）で列車に乗っていたユダヤ人を解放。	一日、日本、沖縄本島にアメリカ軍が上陸。 一五日、イギリス軍によりベルゲン＝ベルゼン強制収容所解放。 三〇日、ヒトラー自殺。
	五月		二日、イギリス軍により、父が収容されていたドイツ捕虜士官収容所解放。	ソ連軍ベルリン占領。 八日、ドイツ無条件降伏。
	六月		六日、父とトレビッツで再会。	二三日、日本、沖縄で組織的戦闘が終結。
	七月			二六日、アメリカ・イギリス・中国により、ポツダム宣言発表。
	八月	12	一二歳の誕生日。	六日、九日、アメリカ軍が広島と長崎に原爆投下。 一五日、日本、ポツダム宣言を受け入れ、降伏。

訳者あとがき

「私たちの歴史の、最悪と言っていい部分のひとつを生きのびた人の手記。それにもかかわらず、公正なまなざしと静かな語り口で、非常に心を打たれた」
「とにかくみごと！　一気に読める。おそろしいほどリアルに迫ってきて、胸を刺されるようだ。ぜひ青少年に読んでもらいたい。クリストフさん、貴重な証言をありがとう」

　この本の原書が出たフランスで、読者から寄せられた感想の一部です。本書は、著者の多くの作品のなかでも高い評価を受け、アメリカ、ドイツをはじめ翻訳も相次いでいます。

　ホロコーストという過酷な差別と虐殺の大波を、六歳から十二歳で経験した著者のことばは、てらいがなく簡潔であるだけにいっそう強く、読む者の胸を突き、揺さぶります。子どもならではのまっすぐな視点と独特の透明感があるうえ、当時の日記をもとにしていることから、描写の臨場感が圧倒的で、さまざまな事実やできごとが鮮明に伝わってくるのです。

　胸が張りさけそうな悲しみや恐怖、つらすぎる空腹や悪化する皮膚炎、蔓延する病気……しかしそうしたなかでも、助けあったり、自分よりもっとひどい目にあっている人たちに救いの手をさしのべたりする人間もようも描かれていて、人はこのように気高い心を持ちつづけられるのかと、その姿の美しさには、目を見ひらかされる思いがします。

著者一家の家族の絆にも、胸を打たれます。著者とおかあさんは、戦争捕虜の妻子として国際条約に守られ、強制収容所でもいっしょにいることができたため、おたがいが生きる支えになり、また捕虜収容所から手紙や小包を送ったおとうさんの存在が心を照らす希望になって、奇跡的に生きのびることができたのだと思えてなりません。雪のなかにたおれたおかあさんに、小さな著者が取りすがる場面、暴走列車のなかで、絶望にかられながら必死におかあさんをさがす場面、そして解放後、おとうさんがけっしてあきらめず、涙を流しながらもふたりをさがしつづける場面は、読後も長く、深く、心から離れません。

時は流れ、現在著者は八十四歳となり、子どもたち、孫たち、そしてひ孫たちにもかこまれて、まもなく結婚六十周年を迎えるそうです。しかし本書の最後のほうでは、戦後もなおホロコーストの傷が根深く残ったことが書かれており、差別や戦争がどれほど人間を、かけがえのない一度きりの人生を、傷つけ、損なってしまうのかと、ことばをうしないます。

そうしたすべての体験をつぎの世代に伝えるため、著者は六十二歳からフランスの国内外で戦時中の証言をはじめ、現在は元ベルゲン＝ベルゼン被収容者友の会の会長もつとめていると聞きます。「Human（人間）」というドキュメンタリー映画では、この本でも触れられていた感動的なエピソードとその後日談を、つぎのサイトで視聴することができます。

https://www.youtube.com/watch?v=gXGfngjmwLA（英語の字幕つきのフランス語です）

世界のあちこちで排外的な動きが強まり、テロも絶えない現在、差別や対立や戦争、人としてのありかた、そして平和の尊さについて、本書を通し、読者のみなさんがあらためて考えてくださればと願っています。

最後になりましたが、日本語版の刊行にあたって多大なるご協力と応援をいただいたパリ管弦楽団の佐藤光さん、美智江さんご夫妻、リセ・アンテルナショナル教諭の高橋潤子さん、ノンフィクション作家の柳田邦男さんに、厚くお礼申し上げるとともに、岩崎書店編集部のみなさまはじめ、お世話になった方々に心から感謝いたします。

二〇一七年六月

河野万里子

本作品中には、今日の観点からみると差別的な表現がありますが、作品自体の文学性や時代背景に鑑み、原文どおりとしたところがあります。（岩崎書店編集部）

著者：フランシーヌ・クリストフ　Francine Christophe

1933年生まれ。フランスの作家、詩人。6歳のときに父が戦争捕虜となり、離ればなれになる。その後、母と共にナチス・ドイツに連行され、各地の強制収容所へ移送される。1945年4月、ベルゲン=ベルゼン強制収容所から列車で移送中、トレビッツにて解放。奇跡的に父と再会し、家族全員が生きのびることができた。現在は、フランス国内外でホロコースト生存者として多くの授業、講演を行っている。収容所の証言のみならず、その後の体験も語り伝える本書はフランス国内で版を重ね、舞台化もされている。フランス、ヴェルサイユ近郊在住。

訳者：河野万里子　Mariko Kono

翻訳家。上智大学外国語学部卒業。主な訳書に、D.ウィリアムズ『自閉症だったわたしへ』、サン = テグジュペリ『星の王子さま』、L.F.ボーム『オズの魔法使い』（以上、新潮社）、L.セプルベダ『カモメに飛ぶことを教えた猫』、E.キュリー『キュリー夫人伝』（以上、白水社）、S.パレントー「青い目の人形物語」シリーズ（岩崎書店）。絵本翻訳に、C.ノラック作／C.K.デュボワ絵「だいすきっていいたくて」シリーズ（ほるぷ出版）、I.アルスノー絵『ジェーンとキツネとわたし』『ちいさなあなたがねむる夜』（西村書店）など多数。東京都在住。

・見返し写真：フランシーヌの帰還時の身分証明書
・写真提供：Mémorial de la Shoah/Collection Christophe.

海外文学コレクション　5

いのちは贈りもの
ホロコーストを生きのびて

2017年7月31日　第1刷発行
2018年4月15日　第2刷発行

著　　者　フランシーヌ・クリストフ
訳　　者　河野万里子
発 行 者　岩崎夏海
発 行 所　株式会社岩崎書店
〒112-0005　東京都文京区水道1-9-2
電話　03(3812)9131(営業)　03(3813)5526(編集)
振替　00170-5-96822
装　　丁　岡本明
編集協力　ニシ工芸
印　　刷　三美印刷株式会社
製　　本　小高製本工業株式会社

ISBN 978-4-265-86018-0　NDC289
320P　19cm×13cm

Published by IWASAKI Publishing Co., Ltd.
Printed in Japan

落丁本・乱丁本は小社負担でお取り替えいたします。

E-mail:hiroba@iwasakishoten.co.jp

岩崎書店 HP:http://www.iwasakishoten.co.jp

DR

(1) Catégorie

(2) Date d'arrivée en Allemagne

(3) Dernier lieu de détention ou de travail en Allemagne

(6) S

RAPATRIÉ

(9) Profession

RM

FF

15 OCT 1945

Marcelle

Le rapatrié a REÇU :

1000 (12-4-45)

5.000

Av. sur Marks

(16) Date de naturalisation

Paris 17e Seine

ALPES-MARITIMES

Centre d'Accueil des Déportés
Département de la Seine

PAYÉ

(21) Centre mobilisateur

(22) Grade

HOTEL LUTETIA

du départ en Allemagne

litaire en France

VÊTEMENTS

chemise
culotte
chaussures
galoches
manteau

Carte Lutetia

TICKETS

1797555

de mon retour